Mera medkänsla

Mera medkänsla

Mette Sjöberg Anthonsen

Förlag: BoD – Books on Demand, Stockholm, Sverige
Tryck: BoD – Books on Demand, Norderstedt, Tyskland
ISBN: 978-91-8027-190-5

Perspektiv

Hej läsare – välkommen in

Vad är medkänsla egentligen? Hur kan vi förstå begreppet och öva upp vår förmåga att vara medkännande i vardagen – i familjen, på jobbet och i helt andra sammanhang?

Jag har intervjuat olika människor som ger sina perspektiv på vad medkänsla är, hur den tar sig uttryck för dem, varifrån den kommer och hur de håller den vid liv. Boken är upplagd kronologiskt – de medverkande uppträder helt enkelt i den ordning jag har pratat med dem, och varje underrubrik anger ramarna för, vad samtalet handlar om. Varje deltagare har även fått utrymme att formulera sina reflektioner *efter* själva intervjun, i form av en kortare epilog.

Tanken är att ge dig som läser detta en praktiskt användbar bok, som kan läsas från pärm till pärm eller användas för att slå upp i – antingen utifrån nyfikenhet på en bestämd person eller dennes profession, eller för att du vill låta dig själv följa en tankeström och därigenom hämta konkreta, användbara tips om hur du kan nära och uttrycka din egen medkänsla.

Boken kan fungera som utgångspunkt för samtal i skolor, bokklubbar, ideella organisationer och på arbetsplatser – till exempel.

Denna bok ska naturligtvis ses i sitt sammanhang – internationellt finns en ökande mängd utgivningar om *(self)compassion* och *caring* inom till exempel ekonomi och medicin, och i Sverige och Europa finns undertoner i den offentliga debatten om till exempel integration, vårdprioriteringar och psykiskt välmående, som i allra högsta grad handlar om medkänsla. Det verkar finnas ett växande intresse i vidare kretsar för att förstå sin egen (och möjligen även andras) livssituation, sitt eget varande och hur man tar hand om sig själv –

möjligen som någon sorts respons till en alltmer komplex omvärld, där det gång på gång visar sig att vi som individer kontrollerar ganska lite. Att intressera sig för medkänsla är i det sammanhanget både väldigt gammalt (filosofi, religion) och väldigt aktuellt. Min förhoppning är att skapa en brygga mellan det abstrakta och det konkreta i syfte att nå dig som gärna hänger med på filosofiska resonemang och även tar med tips ut i vardagen.

Professor Tania Singer, som är vetenskaplig chef för Laboratoriet för social neurovetenskap på Max Planck-institutet i Berlin beskriver medkänsla som en process – i mötet med den andra kommer först det automatiska och reflexmässiga som gör att till exempel gäspningar smittar. Här ingår ingen medvetenhet, ingen oro över att den andra är trött – två kroppar härmar bara varandra. Denna reflex finns hos människan från födseln. Nästa lager, det professor Singer kallar empati, kräver en viss medvetenhet och uppstår först när vi har förstått, att vi är enskilda personer. Alltså, jag ser att den andra lider, och jag känner det också. I tredje steget uppstår en sorts förfinad empati, det vi kallar *compassion*, eller medkänsla. Den känslan innebär inte något *medlidande* – bara omsorg.

Att dela upp processen i olika steg hjälper mig att förstå varför det ibland är slitsamt att känna och vara medveten om vad andra känner. För när man känner empati gör det ju ont att märka den andras smärta eller förtvivlan. Når man däremot till medkänsla kan det göra ont eller slita – men det är ändå en smärta, som inte är min egen.

Min lärare i London, Ed Rowland, talar om medkänsla som en förmåga att vara med sanningen – det som är – oavsett innebörd. Alltså, medkänsla behöver faktiskt inte innebära smärta – medkänsla kan lika gärna bestå av glädje och delad lycka. Rätt så vackert.

För att skapa denna bok har jag talat med människor som jag själv tycker är intressanta. Några kände jag innan jag drog igång detta projekt, andra inte. Det finns gemensamma nämnare i deras svar:

Medkänsla är ett val. Det är ett aktivt, medvetet beslut att vara medkännande och att välja att visa det i handling. Medkänsla hänger ihop med att aktivt välja att ta del av information, till exempel om hur andra har det – att välja att lyssna och att se.

Det finns tekniker för att träna och underhålla sin medkänsla – och de kan vara ganska pragmatiska. Som till exempel att promenera till jobbet, att välja film eller böcker som breddar perspektiv, eller att meditera. Att prata med sin familj på ett lite djupare sätt än det vanliga 'vad har du gjort på jobbet/i skolan?' – som ju ofta inte leder till så intressanta svar.

Medkänsla är en win-win-praxis. När du väl har börjat praktisera medkänsla blir det en positiv spiral – det finns oerhört mycket belöning och glädje som kommer tillbaka till dig. Medkänsla är alltså ingen resurs som kan ta slut, utan snarare en förnybar energi.

Medkänsla är inte alltid superhärligt. Tvärtom; medverkande här pratar också om att det kan vara väldigt obekvämt och jobbigt att känna med någon annan, och visa det. Dels för att det kräver att man skapar tillgång till hela sitt eget känsloregister – och vem orkar det, alltid? Men också för att den andra kanske inte är redo att ta emot – att man är i otakt.

Så, det är okej att acceptera att det finns gränser för medkänslan, eller att den inte känns lika starkt med allt och alla hela tiden. Även med de bästa intentioner är man inte alltid synkron med varken sig själv eller alla andra – tvärtom: Att vara i otakt är kanske mer eller mindre ett permanent tillstånd. Det är inte heller alltid skönt att köra sitt träningspass på gymmet. Frågan är ju då om man slutar dansa eller träna för det? Eller, om man hittar nya sätt att lyssna inåt och utåt på? Valet är ditt. Varje dag. Du kan alltid börja om imorgon.

/Mette Sjöberg Anthonsen
Göteborg, sommaren 2021

Tack till

- er som medverkar och bjuder på era perspektiv, och som har ställt upp med tid och välvillighet. Tack till familj, vänner och bekanta som har kommit med glada och uppskattande ord under processens gång, och till er som bara i förbifarten har lyssnat på mitt provpratande. Tack till andra deltagare i oändligt många timmars utbildning och kurser, som har bidragit till mitt ständiga lärande. Och innerligt tack till Kjell, Ida, Carl och Erik – ni som jag skapar vardag och tränar medkänsla med. Boken dedikeras härmed till er.

Foto:

Kristian Anthonsen: Haifaa Awad, Bengt Holst och Dina Petranovic Nielsen.
Linda Kiviloo: Hamid Mohseni.
Martin Lindblad: Michaela Ahlberg, Mette Sjöberg Anthonsen, Tilde Björfors, Jan Eliasson, Liv Lindahl, Monika Milocco och Didi Ananda Samprajina.

Jan Eliasson

Diplomat, tidigare utrikesminister, tidigare vice generalsekreterare FN, ordförande Stockholm International Peace Research Institute (SIPRI)

Om mötet med sig själv i den andra, uppväxtens betydelse och vrede

Första gången vi träffas är i juli 2001, då jag intervjuar honom för min avhandling. Vi sitter utomhus, på hans lantställe på norra Gotland, mitt emot varandra i vinden, på var sin solstol. Halvvägs in i intervjun reser han sig och hämtar mellanmålsfil. Hans fru går i bakgrunden och målar dörrar. Semesterfeeling. Då jag återvänder för ett nytt samtal, igen mitt i sommaren, är han också på Gotland, och jag får en halvtimma på telefon. Han är lite mer stressad, pressad av familjen som väntar på att få honom med på utflykt. Det är också medkänsla att ta sig tid till sina nära – familjen spelar en fundamental roll. Han är van vid one-liners, och börjar med:

Man måste ha både passion och medkänsla – utan passion händer knappast någonting, men utan medkänsla händer oftast fel saker. Om det är alltför ljummet och lagom finns ingen kraft till mobilisering.

Det är ett val – att vara medkännande?

Ja, det är ett val. Känner jag tillräckligt stark passion för något, så frågar jag mig nästan också alltid om det i så fall även bygger på medkänsla. Alltså helt konkret frågar jag mig själv: 'Finns medkänsla med här?'. Om jag kan mäta min medkänslas roll så blir det ytterligare ett skäl att stärka passionen; för mig finns det ett starkt samband.

För mig är det en kraft och en attityd som ger energi att driva frågor vidare. Det gäller att mobilisera goda krafter. Och de kommer väldigt mycket från att se på världen utifrån det medkännande perspektivet – att se på barnet, de utsatta kvinnorna utan vatten i byarna i Darfur, se de sårbara och de bortglömda. Där hämtar jag handlingskraft.

Ligger inte det väldigt nära medömkan?

Nej, medömkan har en negativ klang för mig, ett ovanifrånperspektiv. Medkänsla är jämlik och bygger på idén om att jag kunde ha varit där själv. Eller att jag mycket väl kan komma i en liknande situation. Medkänslan är solidarisk. Och egentligen också ett uttryck för egenintresse, på så vis att du får en mycket mer harmonisk värld omkring dig om du följer medkänslan och lever efter den.

Det kommer ju knappast att hända, att du bor i en hydda i Darfur. Handlar det om en särskilt utvecklad föreställningsförmåga?

Det ger mig en väldig kraft att jag faktiskt har växt upp under enkla omständigheter. Jag såg mitt första badrum när jag var 10 år gammal. Vi bodde fyra personer i ett rum. Min moster dog av tuberkulos – 19 år gammal, min pappa var metallarbetare, min mamma var hemsömmerska. Jag var den förste som fick mer än sju års skolgång. Så jag ser mina föräldrar och min uppväxt i varje utsatt person och situation. Jag känner mig rikare av detta: Det är lätt för mig att se utsatthet, för jag har levt det själv. Det är jag väldigt tacksam över.

Det är en gåva att ha gjort en resa, att ha en annan bakgrund?

Ja. Att framförallt inte glömma eller gömma den, som många gör, utan tvärtom se den som en tillgång. Jag är stolt över min resa, och över vad mina föräldrar gjort för mig. Så om någon misshandlar de som är utsatta, då är det ju mina egna föräldrar och min egen släkt som misshandlas. För mig är det en ganska stark och tuff känsla, det är inget romantiskt.

Är det en kroppslig känsla?

Ja. Om jag ser på film får jag stänga av om jag ser barn som misshandlas. Jag klarar inte det. Jag är oerhört känslig. Men jag är tacksam att jag är så känslig.

Hur kan du då mäkta med de jobb som du har och har haft?

Det är det stora testet. Jag har sett barn dö, och varit med om de mest fruktansvärda ting. Men då kan jag tvinga på mig ett förhållningssätt, som går ut på att de våldsverkare som har åstadkommit detta också provocerar mig – de vill ha mig svag också. De vill ha mig sömnlös, deprimerad; de vill framställa mig som en dålig och nervös ledare. Och då säger jag: 'Tvärtom' – det ska de inte lyckas med. De ska inte lyckas. Med min vilja vänder jag då förtvivlan till vrede. Vrede är en stark och sund känsla. Den ger mig mycket kraft.

Så vreden framför dig, som ett pansar för att du ska kunna göra ditt jobb, och medkänslan precis bakom?

Eller mer att medkänslan och vreden är som parhästar.

Hur fungerar det i internationell politik – om du medlar mellan parter i en konflikt, och du märker deras avsaknad av medkänsla?

Det är en stor påfrestning. Man måste vara cool, saklig och inte tappa humöret. Man måste hålla dialogen igång, även när det är outhärdligt. Jag har ju förhandlat med Saddam Hussein, och han var ju nästan ondskan personifierad. Att då sitta där och försöka hålla tillbaka det etiska och moraliska elementet var inte lätt.

Hur gjorde du?

Självdisciplin. Jag var tvungen att hålla igen, för att inte misslyckas som förhandlare. När vi förhandlar är det ytterst makthavarna som bestämmer om det ska bli fred eller fortsatt krig. Detta kan ibland bli ett moraliskt dilemma, att inte till exempel ta upp frågor om mänskliga rättigheter.

När du har lyckats som medlare i väpnade konflikter, är det för att du ändå har kunnat hitta parterna i det som är kärleken och inte i det som är ondskan?

Just det. Plötsligt kom jag att tänka på ett citat, på tal om kärlek. När jag var 27–28 år läste jag Bertrand Russells självbiografi, och blev fascinerad av honom. I prologen skriver han:

'Three passions, simple but overwhelmingly strong, have governed my life: The longing for love, the search for knowledge, and an unbearable pity for the suffering of mankind. These passions, like great winds, have blown me hither and thither, in a wayward course, over a deep ocean of anguish, reaching to the very verge of despair.'[1]

De orden var som ett hammarslag. Det var precis vad jag ville att livet skulle vara för mig. De här tre krafterna är centrala i mitt liv. Längtan efter kärlek, sökandet efter kunskap och den outsägliga medkänslan för människors lidande. Men jag handlar inte från ångest eller förtvivlan. Utan jag handlar ifrån beslutsamhet och ibland till och med från kontrollerad vrede.

Kommer den drivkraften enbart från egna upplevelser under din uppväxt?

Det är också en fråga om värderingar. Allas lika värde – jag är passionerat engagerad för att göra allt för att minska klyftor. Pappa var fackföreningsledare, och jag ville egentligen inte bli politiker. Jag ville ha värderingarna som drivkraft för att vara professionellt skicklig i mitt eget yrke.

Även om man har passion, känslor, drivkraft och kanske till och med en ideologi, så behövs också näring. Så om jag frågar på det moderna sättet – hur fyller du på?

Jag får enormt mycket tillbaka av verkligheten, det är så fantastiskt att vara ute på fältet – när jag ser att FNs program kan fungera; att brunnarna fungerar, att vatten kom-

---

1 Fritt översatt: 'Tre passioner, enkla men överväldigande starka, har format mitt liv: Längtan efter kärlek, sökandet efter kunskap och en outhärdlig ömkan för mänsklighetens lidande. Som kraftiga vindar har dessa passioner fört mig hit och dit, på en envis kurs över ett djupt hav av vånda, ända till gränsen av förtvivlan.'

mer fram. Jag kom en gång till en by i norra Darfur, när jag medlade där, och i en större hydda fanns det omkring 40 små, föräldralösa barn. När de såg oss komma, sprang de emot mig och hängde sig på mig. Jag var som en julgran, jag hade säkert 10–15 barn hängande på mig. Tårarna bara rann.

Av medkänsla?

Av sorg över deras situation, men också av tacksamhet över att jag fått chansen att använda min egen kraft för dem. Att mamma och pappa satsade på att jag skulle få utbildning, som jag fick, och använde den i positioner där jag kan påverka. Jag vaknar varje morgon och nyper mig i armen. Det är av tacksamhet.

En röd tråd är detta med barn, och hur din egen barndom har påverkat din medkänsla. Hur blir det med våra barn och barnbarn, som ju allt annat lika inte får uppleva basala brister, och deras förmågor till medkänsla?

Vi har hela världen i våra mobiler, där har du informationen, bilderna och även möjligheten till kontakt – med sex och en halv miljard mobiltelefoner. Jag hoppas att informationen, bilderna och kunskapen om verkligheten utanför vår vardag, kan medverka till ökad medkänsla och handling – inte likgiltighet och åskådarskap.

Den svenska medelklassens utmaning: Oändligt mycket information. Vem ska vi börja känna med?

Jag var en gång på besök på ett ställe för mentalt funktionsnedsatta personer i Örebro. Och då såg jag hur Örebros Kammarorkester hade valt att öva på detta boende. Det var helt underbart att se hur dessa människor fick liv, började dansa, sjunga och nynna. Så otroligt starkt. Och det finns oändligt med sådana möjligheter precis kring där du bor, och för att ta med barnen och uppleva sådant – det måste inte vara så stort. Det finns många sätt att skapa möjligheter för medkänsla i din närhet.

Så relativt små grejor?

Ja, det är bara att se sig omkring. Kalvar, kossor och grisar står i trånga bås på svaga ben och är rena köttmaskiner. En gris ska ut och leka. Så fokusera på respekt för allt levande, som en start. Det lär sig barn av. Vi måste arbeta för Fred med Naturen. Nu går jag kanske ut i marginalen här …

Nja, jag tror, det hänger ihop.

Det tror jag också.

Epilog:

Vi lever i en än hårdare tid; vi måste driva passion och medkänsla och också komma till handling – pandemi, klimatet – och aldrig glömma människan. Det finns risker för att människor kommer i kläm, och det finns också en stor kris framför oss för demokratin – misstro mot samhället, klyftorna som ökar, det har blivit så tydligt. Man ska inte underskatta motkrafterna – föraktet för demokratiska processer, förnekelse av fakta.

Didi Ananda Samprajina

Meditationsnunna i organisationen Ananda Marga

Om humor, lek och att välja disciplin och rutiner

Jag träffar Didi första gången en sommareftermiddag i en liten affärslokal i Olskroken, östra Göteborg. Det är varmt och kvavt och … lätt? Didi har lugn och värdighet och är hemma för att etablera en yogastudio i lokalen. Därefter deltar jag i flera omgångar i hennes retreater, som hon håller på olika ställen i Sverige – yoga och meditation. Samtalet här genomför vi en sensommardag på Stadsbiblioteket i Göteborg – staden hon kommer ifrån och har bas i, från vilken hennes globala verkande utgår, på senare år på Bali, där hon driver skola. I början av sitt vuxenliv gick hon på clownskola i Köpenhamn:

Egentligen kan man bli en bra clown först efter att man fyllt 30, för man måste kunna vara i kontakt med ett stort spektrum av känslor. Clownen är ju till för att ta med människorna in i olika känslor, som de kanske inte har tid att känna själva, och att göra det på ett väldigt enkelt och oskuldsfullt sätt.

Clownen speglar det vi inte har tid att känna själva?

Som clown måste du hela tiden reagera på och vara i nuet. Du identifierar dig med känslan, men det blir inte personligt. Och det är också därför det är krävande att vara clown – att gestalta det oskuldsfulla. Men det kan vara vägen till att publiken kan få kontakt med flera av sina känslor.

Är det medkänsla?

För att ha medkänsla måste du ju främst *känna*. Om du har tillgång till alla dina känslor, har du tillgång till mer medkänsla. Sen kan du ha en massa känslor utan att ha medkänsla. Hur hänger det ihop?

Ja, hur hänger det ihop?

Jag tror det handlar om att gå bortanför sig själv. Du kan ju sitta själv med dina känslor, men det är när du känner *med* en annan person, när du öppnar upp och det inte bara handlar om dig, utan kan gå in i en annan persons känsla med empati, som du visar medkänsla.

Sen tror jag att en harmonisk och frisk kropp kan stötta oss i att vara mer medkännande. Senast nu i helgen, när jag hade retreat, noterade jag igen: I början är deltagare ofta stela i kroppen och fulla av en massa praktiska frågor – 'var ska vi vara, när ska vi äta, vad gäller här?'. Och sen efter ett tag, så ser jag hur deras kroppar börjar slappna av, hur de blir mer smidiga. Då spelar det där praktiska inte så stor roll längre, det blir mer skratt och färre frågor. Och då ser jag också hur de börjar öppna upp mera, börjar se varandra.

Vad är det som händer?

Stimulans. Nervsystemet får en liten kickstart i en annan riktning. När man slappnar av i kroppen öppnar man också upp i sinnet för att tänka på mer än bara vardagen och problemen. Jag försöker mycket under yogan att öppna för större idéer, så att man blir lugn i det medvetna sinnet.

Medkänslan finns i alla människor. Det är den djupaste delen av vilka vi är. Om vi då kan sakta ner lite grann och stoppa de medvetna tankarna, som stör och hoppar runt hela tiden, så kan de välla upp som en fontän inom oss. Som en naturlig del, djupt inifrån oss själva.

Kan allas fontäner bli lika stora?

Jag tror att det finns en oändlig potential i alla människor, men att vi har olika saker som begränsar oss. Vi har kanske fysiska, psykiska eller mentala hinder för att få tillgång till vår potential för medkänsla.

Har man plikt att försöka få tillgång till sin medkänsla?

Jag kanske ska förtydliga: Jag tror vi har en oändlig *godhet* inom oss. Men för att ha medkänsla – att kunna känna med andra – behöver du ha någon form av andlig disciplin. Du behöver reglera ditt liv, leva på ett visst sätt, för att kunna känna medkänsla. De damer som kommer på yoga hos mig, de kanske stressar genom livet, äter onyttigt och tar inte hand om sina kroppar. Men när de kommer hit, och får tillgång till djupare lager i sig själva, så ser jag ju hur det väcker naturlig godhet och kärlek, som redan finns inne i dem. Medkänslan kommer ut ur dem när de tillåter sig att skapa platsen, utrymmet eller situationen där det är möjligt. Till exempel på en yogaretreat.

Jag har en historia, som jag hörde från en kollega på Borneo: En munk satt i fängelse i Kina under Mao-tiden. Han blev torterad och illa behandlad, fick ingen mat. När han efter flera år kom ut ur fängelset, så satt han en dag med en grupp lärjungar och berättade vad han hade gått igenom.

Han sa: 'Men så kom det en dag, då var jag väldigt, väldigt nära att göra ett fruktansvärt misstag'. Lärjungarna svarade, viskande: 'Jaså? Vad kan det ha varit? Var det att du ville rymma, eller att du ville slå någon? Ville du stjäla någons mat?'. 'Nej', sa munken, 'Det var ingenting sådant. Men vid ett tillfälle tappade jag nästan medkänslan för dem som höll mig fången och torterade mig'.

Tänk på Nelson Mandela eller Dalai Lama. Jag tror, att förmågan till medkänsla beror på en mängd olika saker, bland annat tidigare liv, men också att man kan träna sig till det. Man kan tycka att man inte har förutsättningarna i vardagen, och kanske inte har de erfarenheterna som skulle gynna detta. Men. Möjligheten finns, kanske i nästa liv, eller nästa liv, eller nästa.

Vad gör att man kan behålla sin medkänsla?

Det handlar om att kontrollera sina känslor. För mig är disciplin inte ett negativt ord. Jag tänker mer på ett staket för att ta hand om och skydda en planta. Om du har en liten, liten planta så behöver du ett kraftigt staket runt den, annars kommer det en ko och trampar ner din planta.

Jag har en massa regler jag lever efter som nunna, och jag har nog brutit alla de reglerna någon gång. Och när jag bryter dem, eller utforskar dem, så märker jag hur bra de är för mig. Så att hitta till insikten att lite regler och rutiner hjälper dig och din förmåga att till exempel vara medkännande. Disciplin inte som ett *måste*, utan som ett *vill*.

Hur ser ditt staket ut?

Det är litet gulligt, typ med två, ljusa träpinnar, som man kan hoppa över. Kon kan gå igenom staketet ibland. Och det växer lite mossa på pinnarna.

Någon kanske tänker – åh, jag orkar inte med rutiner och andlig disciplin. Hur har du orkat skaffa dig dem?

Min andliga väg handlar väldigt mycket om kärlek och hängivelse. Att älska och öppna hjärtat för det andliga, som finns i dig själv. Att älska sig själv. Det är fruktansvärt svårt, men fruktansvärt viktigt. Vår meditation och våra övningar handlar mycket om att älska. Att vidga kärleken inuti oss själva. Ägna sig åt det, och sen använda ett lager av rutiner och regler för ditt yttre liv i syfte att kunna älska mer. Då har regeln en mening, och blir ett viktigt val som jag tar. Om man har en tydlighet kring frågor som 'Vad är meningen? Vad vill jag uppnå? Vad är mitt mål?', så tror jag att disciplinen integreras enklare. Att det blir mer av ett val.

Jag tyckte att jag hade det väldigt svårt i början i Ananda Marga. Jag var i strikt träning under fyra och ett halvt år, mellan det att jag var 25 och 30 år gammal. Superstrikt. Upp klockan halv fem varje morgon. Vi var 11 kvinnor som levde tillsammans; alla skulle följa samma schema. Då var hela grejen att vi skulle lära oss att se det kollektiva som viktigast. Att det inte bara handlar om jag och mig. Utan det handlar om vad alla andra vill också. Hur kan vi röra oss tillsammans, hur kan vi göra saker tillsammans – mer medkänsla och medrörelse.

Att leva helt kollektivt alltså?

Träningen går ut på att leva helt kollektivt. Jag skulle upp varje morgon, meditera en och en halv timma. Yoga i en timma, studera. Äta mat tillsammans, meditera innan man äter mat, göra yogadansen. Allting är liksom inrutat hela vägen fram till att man går och lägger sig på kvällen. Så det är en väldig press på sinnet. Enda möjligheten är att bara överge sig, och släppa det *jag* vill.

Stort val att ta. Var du inte rädd och obekväm?

Det var det som var så konstigt – jag var inte speciellt rädd. På något djupt plan visste jag att det var detta jag ville göra med mitt liv. Jag fattade att jag behövde göra träningen för att ändra mig själv och kunna öppna hjärtat och älska min lärare, min guru, som egentligen inte är en fysisk person, utan den djupaste delen av mig själv.

På ett djupt plan?

Det var en djup vetskap – ett kall, brukar man säga. Sen var det väl någon gång i början att jag tänkte att jag ju kunde bli kiropraktor istället, då kunde jag också hjälpa folk ... Men samtidigt låg det en tanke längst bak: 'Jag låter bara de där tankarna gå över, det tar ett tag, så har du kommit igenom dem'. Sen har inte kiropraktor-idén dykt upp igen, haha.

Den säkerheten – varifrån kommer den?

Önskan att utveckla mig själv mentalt och andligt ligger i mitt undermedvetna, från tidigare liv. Det här var ingen medveten process. Nu i efterhand kan jag se vad som hänt, men när jag började som nunna var det bara 'det här vill jag, det här vet jag att jag ska, så nu gör jag det'. Det var som att hoppa. Jag bestämde mig, och då fanns det ingen väg bakåt. Det var lite av en befrielse, tanken att 'åh vad skönt, nu slipper jag bli en Svensson med man och barn', haha.

Att ha en massa staket, regler och en guru som bestämmer – är inte det bara att slippa undan ansvar?

Att ta ansvar betyder ju att 'svara an' på det som händer i ditt liv. Det spelar inte så stor roll hur din yttre situation ser ut, utan hur bra du är på att svara an till det livet ger dig. Om du vill gå igenom träningen och utveckla dig själv, så måste du ta ansvar för dina handlingar, vem du är, vad du tänker och vad du gör. Vi tror att vi har fri vilja, men den enda riktiga fria viljan vi har är hur vi 'svarar an' till det som händer oss i livet.

En guru är en lärare. Tyvärr har ordet guru ofta en negativ klang i västvärlden, som att man har blivit manipulerad. Men det finns också en ödmjukhet i att ha en guru. En insikt om att man behöver lära sig något och behöver få guidning från någon som har gått vägen innan du själv. Vi kan inte allt och har inte alla svar – vi behöver hjälp ibland. *Men* du behöver hitta en genuin guru med enorm tydlighet och kapacitet att inte agera utifrån sitt eget ego. En genuin guru.

Det är en annan sorts ansvar än det, jag tar – jag sköter mitt jobb, betalar skatt och räkningar, ser till att mina barn kommer till skolan. Väldigt Svensson…

Att leva som meditationsnunna är egentligen att ta ansvar för sig själv och andra människor på en andlig nivå. Jag hjälper inte till i samhället som till exempel en bibliotekarie eller brevbärare, jag ställer inte mat på bordet till en familj. Men jag hjälper till att utveckla människors andliga potential. Det är också ett ansvar och ett jobb. Vårt samhälle idag handlar mycket om det fysiska och mätbara. Vi har mer medkänsla när det handlar om någon som till exempel har brutit ett ben, än om det handlar om depression och ångest eller andliga problem, skulle jag säga. Antagligen en världsbild med fokus på det fysiska, som går tillbaka till Newton.

Har vi förstörts av vetenskapen?

Vi har tagit val om vad vi ser som viktigast. Jag tror det handlar om människans evolution. Vi har behövt vara på vår vakt och se upp för faror, när som helst. Om vi följer våra instinkter så kommer rädsla och kontrollbehov. Och med naturvetenskapen kommer 'kontroll'. Vi förstår det universum som vi kan se, och förstår hur saker och ting fungerar.

Men dessa instinkter hör till den lägre delen av vår kropp. Lägre chakran pratar man om. I de högre delarna av kroppen finns hjärtat och intuitionen – och vetskapen, som jag tror de flesta egentligen har, att universum är ganska mystiskt. Att vi egentligen inte riktigt vet vad som händer och faktiskt aldrig har full kontroll: Vi vet inte vad som ska hända när vi går upp på morgonen, eller när vi går ut på gatan. Hela tiden lever vi i en ovisshet, och hela tiden försöker vi kontrollera den. Det här handlar väldigt mycket om medkänsla. Hur den försvinner när vi försöker att kontrollera, och när vi bär på rädslor. Det är enklare att ha medkänsla när vi är sårbara och inte försöker tvinga fram kontroll – det är lättare att ha känslor när det får vara ovisst.

Men det är *så* jobbigt att inte veta?

Ja, det är det.

För många är det orealistiskt med stenhård, andlig träning i flera år. Hur kan man i praktiken våga öppna lite, om man nu ändå lever ett liv med kalender, familjelogistik och jobb?

Jag tror det är vad yoga- och meditationsvågen som vi har sett de senaste 15 åren handlar om. Det finns djupt inom oss en längtan efter att hitta stillhet och släppa kontrollen. Att få en liten stund, där du bara får vara i nuet. Där det är tryggt att inte veta. Jag kan få gå ett par timmar på yoga. Jag öppnar upp i kroppen och slappnar av och det kommer in känslor. Att bara få vara där en liten stund, i ovissheten. Och det är enklare när någon annan säger vad jag ska göra.

Det är en pragmatisk början: Att gå på några yogapass för att få tillgång till sina känslor?

Det handlar ju om att stanna upp och bli medveten om hur du lever ditt liv, bli medveten om stressen, kontrollbehoven, rädslorna. Bästa praktiska tipset är regelbundenhet i någon form av yoga, meditation eller avslappning. Det behöver inte vara så himla svårt – inte länge och inte pretentiöst. Det räcker att lägga sig på vardagsrumsgolvet i fem minuter och slappna av. Om du gör det varje dag, och låter dig vara i den där lilla bubblan av ovisshet av att vara i nuet och försöker att överlämna dig till universum, till något som är större än dig själv. Man kan testa att säga till sig själv: 'Det finns saker som jag inte kan, som jag inte förstår och som jag inte kan kontrollera – och det är okej' – bara i ett par minuter. Då kanske man kommer på att man är ganska jobbig, att man inte gillar sig själv och inte har medkänsla med sig själv. Tankarna bara hoppar, och det är nästan en av de största svårigheterna med meditation. Du måste möta dig själv.

Att möta sig själv kan vara rätt jobbigt och smärtsamt?

Dels är det smärtsamt, för att du då behöver känna alla dina känslor. Det kan ju vara smärtsamt att känna känslor. En glädje kan vara väldigt smärtsam, och ovissheten är också smärtsam. Men – det är samma, som med all smärta: När du väl accepterar smärtan så är den inte egentligen så smärtsam som du tror och är rädd för. Du *kan* nå fram till en acceptans av att du är mera än vad du tror. Om du ställer ett glas vatten i en pool har du fortfarande glaset, men vattnet innanför och utanför är samma vatten. Du är en del av det kärleksfulla, oändliga medvetandet.

Jag tänker, att detta provocerar – kan jag verkligen säga: 'Nej, jag kan inte ses kl. 09.00, för jag ska ta hand om mig själv'?

Ja, du behöver ju göra ditt val. Vad är viktigast? Det du behöver för att må bra och vara en mer medkännande människa, eller vad den andra personen förväntar sig av dig? Man kan alltid hitta bra sätt att förklara för den andra personen, om man är tydlig med sig själv, och tydlig kring vad man vill och behöver. Jag brukar bara säga att jag har mina rutiner för att de är bra mentalt och för hälsan.

Har medkänslan något värde om den inte blir konkret och omsätts i handling?

Jag tror absolut *inte* det. Jag kan vara väldigt fokuserad på att få saker gjorda, jag har ansvar och ska fixa, till exempel i samband med en yogaresa. För mig är utmaningen att stanna upp för att kunna förstå hur andra känner. Alltså, jag är här och fixar en massa och gör min grej, men medkänslan kommer ju först till uttryck när jag *också* intresserar mig för hur du upplever det, vad du får för erfarenhet av mina handlingar. Vi brukar säga: '*My true life is not my own experience. My true life is the experience I give to others*'.[2] Till exempel, om jag går in i ett rum och slänger igen dörren, då ger jag en erfarenhet till andra som är ganska obehaglig. Den centrala frågan är: 'Hur kan jag göra mitt liv till en så behaglig erfarenhet som möjlig för andra – utan att ge upp mig själv'?

Är det okej att man själv får något ut av att vara medkännande med andra?

Det får du i stort sett alltid. För att vara genuint medkännande med en annan människa måste du ju öppna upp dig själv, sluta tänka på dig själv, och känna en omsorg och kärlek för en annan person. Det är ju en upplevelse som är fin för både dig och den andra.

Om man inte är van vid andliga rutiner kan man tänka att det är väldigt självupptaget att meditera i flera timmar – istället för att hjälpa, praktiskt?

Jag brukar säga att man inte kan vara en andlig kapitalist. Det betyder att du inte kan sitta i en grotta och meditera hela livet. Du kan inte heller vara en Moder Theresa, som bara hjälper andra. Vi måste sträva efter en balans mellan de två. Det måste vara ungefär 50/50.

---

2 Fritt översatt: 'Mitt sanna liv är inte *min* upplevelse, utan upplevelsen jag ger till andra'.

Elasticiteten mellan fokus inåt och praktisk handling?

Precis. Genom meditationen får du en viss andlighet och inre styrka. Men sen måste du gå ut i samhället. Därför brukar jag alltid förklara att jag inte är en nunna i den vanliga bemärkelsen. Tanken är att jag ska göra andligheten verklig. Ananda Marga driver många barnhem runt om i världen, och när det till exempel var jordbävning i Nepal (2015) och även efter tsunamin i Thailand (2004) gick vi in och tog hand om de döda – dels för att vi inte är så många, så det går snabbt att organisera oss; dels för att vi möter döden varje dag i meditation, och inte är så rädda för döda kroppar.

Tillbaka till kroppen. Något du vill tillägga om att vattna sin växt?

Det du har tydligt i skallen formar ditt liv. Så jag tror verkligen på att ge sig själv tid att tänka till: Vad är verkligen viktigt i mitt liv? Vad är det jag vill? Så att ta sig utrymmet att få in lite regelbundenhet och ägna sig lite åt sig själv varje dag. Var pragmatisk, gör ett par yogarörelser eller lite meditation. Ha tillit till processen; ge dig två eller fem minuter. Så börjar du upptäcka förändringen, och blir kanske sugen på mer. Kolla ditt schema – när skulle du kunna få in ett par minuter?

Det är ett val?

Visst är det ett val.

Epilog:

Jag är medveten om att detta med guruer är kontroversiellt; det har funnits många exempel inom bland annat yogavärlden där ledare har misskött sig – ofta handlar det om kön och mäns privilegier. Så, om du har ett behov för att få stöd med din andliga disciplin ska du välja ditt stöd med omsorg.

Haifaa Awad

Narkosläkare, debattör och författare

Om att jobba emot sin medkänsla-apati och att se med den andras ögon, som taktik för att möta kontraster

Vi ses under 30 minuter på Radio 24-7 i Köpenhamn, en blåsig septemberdag. Mötet med Haifaa är lite som vädret; snabbt tempo i kombination med värme. Hon är van vid att uttala sig precist, opererar i snabba ryck och ger mig vänligt men bestämt en avgränsad del av sin tid, sen ska hon vidare. Det är mycket att engagera sig i.

Ponera att jag skulle söva en 99-årig dam som har fått ställa in sitt 100-årskalas för att hon har brutit höften … då skulle jag kunna säga 'nåja, var du bara glad att du inte dog'. Men om jag visar empati eller medkänsla kan jag sätta mig in i hur mycket det betyder för henne att hon har levt i 100 år, och hur värdefullt det hade varit om hela familjen hade varit på plats för att fira henne. Medkänsla är alltså att jag kan känna med henne.

Känner du likadant som hon då?

Jag kan aldrig känna exakt samma som hon; vi är olika individer. Hon har sitt bagage av historia, kultur, normer och personlighet, som är annorlunda än mitt. Men jag kan känna lite *med*. Och det är den medkänslan jag använder som läkare, för att kunna sätta mig in i hennes situation och se hur vi kan hjälpa henne. För en sak är om vi fixar hennes höft. En annan sak är ju att försöka lista ut hur ledsen hon är och om det påverkar hur ont hon har. Att vi kanske skulle försöka se till att hon fick bättre kontakt med sin familj, och kanske servera en tårta på hennes födelsedag. I syfte att det ska bli mer givande för henne som vi idkar omsorg om.

Slår du på medkänslan när du går till jobbet?

Nej, jag har den hela tiden. Jag tror inte det är något jag har lärt på läkarlinjen. Medkänsla är nog en inneboende taktik för att klara av att möta livets kontraster; alltså att vi har en förmåga att sätta oss in i den andras situation för att hantera motsättningen. Däremot har jag upplevt att jag har fått stänga av den på jobbet. När jag har jobbat i krigszoner i Syrien har jag flera gånger haft mödrar som kommit in med döende barn, och självklart har jag haft empati och medkänsla i de situationerna, men när jag sen gick hem kopplade jag bort den – för att jag inte kan härbärgera tragedin i mig.

Hur ser du skillnaden mellan sympati och empati?

När jag har sympati ser jag patienten eller den hemlösa lite utifrån, och kan tycka synd *om*. Det gör mig överlägsen, för att jag bedömer hennes situation utifrån mina egna normer. Om jag däremot känner empati så träder jag så att säga in bakom min patient och ser världen med hennes ögon.

Men är inte du, som läkare, per definition överlägsen?

Jo, men därför är det särskilt viktigt med empati, när jag nu möter individen i min vita läkarrock och därmed signalerar ojämlikhet. Så att inte bara säga, 'oj, det var synd om dig, här är ett piller', utan istället säga 'varför blir du ledsen; hur tror du att dina symptom hänger ihop?'.

Räcker det inte att fixa en bruten höft, eller söva barnet för operation?

Jag kan inte bara se en patient som ren anatomi. Det är en hel människa som, utöver att komma in med en bruten höft, även har en sorg över ett uteblivet kalas – och eventuellt en gryende demens. Det är viktigt att vi ser alla faktorer och drar in dem i läkandet. Jag vill gärna ge mina patienter den empati som gör att de själva kan vara delaktiga i att bli friska. Det är ju inte mitt projekt; det är ett gemensamt projekt. Jag är en facilitator mer än någon som ska fixa det hela. Och där hjälper min empati till med att lyfta patienten.

Och vad händer då i en krigszon?

I Syrien har jag upplevt att jag knyter mig väldigt starkt till patienter, och det hänger såklart ihop med att jag känner mig som exilsyrier. Jag pratar språket, jag har massor av familj och vänner kvar. Där känner jag en form av passion i att vara läkare, jag går in för saken, för hela den politiska och humanitära situationen. Så där knyter jag mig djupt till patienter, sparar deras telefonnummer, följer upp dem, skriver deras historier till danska medier. Där uppstår väldigt tydligt något mer än bara 'läkare-patient-relationen'. Där uppstår solidaritet, och det sträcker sig utöver medkänsla. Det är solidaritet med ett helt folk som slaktas.

Sen får du ändå stänga av ibland, släcka ner solidariteten?

Jag känner mig som en förrädare. Trots allt lidande är jag kapabel att sätta mig hemma och gråta en halvtimme, ta en ledig dag eller skriva dagbok och skriva brev hem – men jag känner ju hela tiden att jag är egoistisk och borde vara därute och hjälpa, och inte bara stänga av mig så. Och ändå vet jag ju att det är grundregel nummer ett: Att jag måste ta hand om mig för att kunna ta hand om andra.

En konflikt inombords mellan vad du vet att du bör göra, och vad du känner att du vill göra?

Definitivt. Hela tiden. Jag var inkvarterad på överläkarens kontor när jag jobbade i Syrien senast, och när det då knackar på dörren, för att det är sårade på väg in, så har jag ju inte ett 'mitt rum'; det smälter ihop med 'mitt patientrum'. Och då är det ännu viktigare att dra ett streck, för att kunna hålla ihop och fungera nästa dag.

Jag tror att min erfarenhet hjälpte mig att bara kunna sitta med all tragedi, och bara härbärgera den. Att kunna säga 'så är det just nu, och jag är ganska obetydlig'. Så jag rationaliserar: För att bli lite mer betydlig som läkare, göra en skillnad, och inte stå och gråta i ett hörn när vi får in 70 offer på en gång, så måste jag passa på mig själv.

Andra gången jag åkte dit för att jobba sa jag till exempel till mig själv att 'ikväll tar jag ledigt från kl. 18 (om inte det kommer in en massaker). Och så sätter jag mig och skriver dagbok'. Det gjorde att jag kunde hantera tragedierna med medkänsla.

Utöver att skapa utrymme för sig själv, hur kan man annars göda sin medkänsla?

Jag tror det är viktigt att acceptera att det finns gränser för medkänslan, och att det är legalt att ha mer medkänsla med det eller dem som är nära. Alltså, Syrien berör mig mer än Somalia. Vi kan inte vara överallt på en och samma gång, som människor. Och jag börjar hitta ett lugn i att det är okej, att jag gör mina prioriteringar, för då gör jag det i gengäld extremt gott. Jag vore inte till så stor nytta i Somalia eller Afghanistan. Och sen att fortsätta att engagera mig i andra människor, framför allt i individer. De egna relationerna är nog alltid grunddrivkraften. Så, engagera dig i individer. Hitta till exempel en vän från Somalia, Rumänien eller Syrien. Åk ut till ett asylcenter och bli kontaktperson för en barnfamilj. När sådana möten blir likvärdiga börjar också din egen resa.

Det är lättare att känna medkänsla med vissa framför andra?

Barn är så otroligt sårbara i krig, och vi har ju alla den där instinkten att vilja skydda just barn. Jag försöker särskilt att leva mig in i hur barn upplever situationen i till exempel Syrien, men det är svårt att sätta mig in i deras upplevelse; det är en kolossal utmaning. Och äldre – jag berörs mycket av äldre. Jag har mina morföräldrar i Syrien, tusentals kilometer bort. Och jag använder det som ett trick för mig själv, när jag märker att jag börjar bli kall och lite cynisk – för att jag är trött. Då ställer jag mig själv frågan: 'Detta kunde vara din morfar; hur skulle du göra då?'. Då vaknar jag, för jag kan föreställa mig att vara den personen och komma in till en utmattad läkare – det skulle jag inte tycka om.

Kan du känna lika stor medkänsla med en privilegierad patient här, som till exempel har fått lägga ner sin fotbollsträning, som med ett lemlästat barn i Syrien?

Ja. Det är då medkänsla är som bäst. Klart det kan finnas en tendens till, när man kommer hem från ett krigsområde och hör på en klagande patient i Danmark, att tänka 'ta ett par Alvedon och var tyst'. Men – det får ju aldrig bli så att jag har mindre medkänsla *här* för att någon har det värre någon annanstans, det fungerar ju inte. Då gäller det att ganska snabbt aktivera förmågan att just sätta sig in också i den patientens situation – och då är det klart att en stukad fot på en fotbollsspelare spelar jättestor roll. Så att inte hamna där, det kräver träning och en medveten process. Nyckeln till att bryta medkänsla-apati är just att sätta sig och lyssna på den privilegierade patienten, och höra vad hans stukning faktiskt betyder för honom.

Hur orkar du det?

Jag jobbar med narkos. Jag möter patienter i några få minuter när de överger hela sitt liv, sin andning och sitt blodtryck i mina händer. Det är superintensivt. Och det ger mig mycket glädje och meningsfullhet att få lov att underlätta smärta. Och sen använder jag mina kollegor – en del av min professionalitet är att prata med dem om hur jag mår; att berätta om jag till exempel inte har sovit nog och eventuellt även att kunna be en kollega ta över en patient.

Epilog:

Jag hoppas att den här boken får ett kraftigt genomslag. Det finns så stora behov av medkänsla i denna cyniska tid. Att överhuvudtaget *prata om* medkänsla är viktigt.

Liv Lindahl

Specialpedagog, tidigare högstadielärare

Om att vara öppen på olika frekvenser, se eleverna där de är och om medkänsla som förtroende

Jag träffar Liv på Facebook hösten 2015. Vi jobbar från var sitt håll med att organisera insamling och fördelning av kläder till flyktingar. Relativt snabbt – mycket är snabbt med Liv – hittar vi varandra i görandet och i en pragmatisk attityd; jag tror inte jag hör henne använda ordet nej någon gång. Det mesta är möjligt;, hon hittar lastbilar som kan köra till södra Europa med kläder och hygienartiklar, har kontakt med andra nätverk, kör ut kläder till boenden, organiserar andra frivilliga. Och allt detta på fritiden – till vardags är hon trebarnsmamma, och efter många år som SO-lärare på högstadiet jobbar hon nu som samordnare för elevhälsan i Göteborg.

För lite mer än 10 år sedan, precis innan hon egentligen var färdigutbildad, jobbade Liv som vikarie. Hon hade svenska i en åttonde klass, och där fanns en tjej som var 'ganska långsam, men noggrann'. När det skulle sättas betyg gav Liv henne högre än godkänt.

Då fick jag ett samtal sen från elevhälsoteamet om det verkligen var rätt. För hon hade alltid haft icke-godkända betyg. Jag kunde inte förstå det. Hon hade gjort bra grejer. Men hon hade någon funktionsnedsättning, tror jag. Jag tänkte såklart först att 'wow – hur ute och cyklar är jag'? Men sen visade det sig, när hon gick ut nian, att hon faktiskt hade ganska höga betyg, för då hade det lossnat för henne. Då tänkte jag att jag ju ändå hade sett något. Jag tänker att om man vågar lita på den intuitionen skapar man en relation med sina elever. Så att de vågar säga om det är något. Det är *asviktigt*, för jag kan inte se allt som pågår.

Liv pratar om medkänsla som förtroende – hon skapar medvetet en passage där eleverna kommer till henne av sig själva:

Det handlar om att våga fråga. Jag anar ju när det är något. Då gäller det att inte slingra sig och låta bli att lägga sig i. Utan istället se dem i ögonen och fråga rakt ut: 'Hur är det?' Då kommer det oftast, faktiskt. Och om inte just då, så efter ett tag. Det är jobbigt också, men de brukar bli glada. Sen efter ett tag får man något slags rykte; om man har hjälpt någon, så vet de andra snart det. Då väljer de att komma sen.

Jag tar mig tid. Jag avfärdar dem inte. Ibland skäller jag ut dem. Sen tror jag att de märker att jag genuint bryr mig om dem. Även om det faktiskt tar slut när de lämnar skolan. Eller – det tar inte slut, jag bryr mig fortfarande. Men jag engagerar mig inte så mycket, förutom i några få. Jag har kvar kontakten med kanske två handfulla elever, som varit speciella. Men på något sätt lämnar de mig, när de lämnar mig.

Hur får du ihop regelverk, lärandemål och att se 30 individer i en klass?

Ja, det är ju *jätteintensivt*, och det kan också märkas när jag kommer hem. Min man säger ibland att jag har hög andning. Men det gör också att jag är på fötterna. Jag kan inte ta bort kunskapskrav, planeringar eller saker de *måste* uppnå. Då begår jag tjänstefel. Jag gillar mina ämnen – det är viktigt att de lär sig, det jag ska lära dem. Men det är viktigare att de blir bra människor. Vissa saker är fundamentala och det är inte alltid läroplanens innehåll som är det viktigaste. Jag kan medvetet välja ett annat fokus, eller en annan ingång i undervisningen än mina kollegor.

Till exempel?

Till exempel i nian, då man alltid läser om Andra Världskriget. Jag kan välja att se till att de läser på om kolonialismen först. Att de gräver sig tillbaka. Jag lyfter frågan: 'Varför kallas det för världskrig?' Jag försöker se till att alla elever i klassen får lära sig den historien som ligger nära dem, på något sätt. Sen finns det så himla enkla poäng för att bygga en relation, som att låta dem rösta om vad vi ska läsa nästa gång. De blir jätteglada, och att jag bryr sig om vad de tycker kan mycket väl vara det som gör att de kanske kommer till mig om det är något.

Vad händer om eleverna röstar fram något som du inte hade planerat att undervisa i?

Det *gör* de. En klass röstade nyligen igenom att vi skulle läsa historia *och* en annan religion; då måste jag göra dubbelarbete. Klantigt! Så himla dumt, haha.

Om man vill vara en lärare med medkänsla, behöver man bjuda lite extra på sig själv?

Jag kan hamna i diskussioner med kollegor om detta – gränsdragningen. Speciellt när jag har haft några elever som har krävt otroligt mycket; de som ringer klockan tre på morgonen, ska hoppa från bron, och vill att jag ska hämta dem. På den nivån. Men då är det utanför min arbetstid och utanför min profession. Jag ser inget problem med det. Det har aldrig missbrukats i mitt fall heller. När de ringer på kvällen, så svarar jag.

Var drar du gränsen för din medkänsla?

Det är jättesvårt. Jag har några nu, som inte är mina elever längre, men som fortsätter att hålla kontakten. Det finns många sociala problem som jag har svårt att förhålla mig till. De försöker pusha gränser hela tiden; ber mig köpa ut cigaretter, eller berättar saker som de inte berättar när jag är deras lärare, för då har jag anmälningsplikt – och det vet de. Men det *är* svårt, för jag riskerar att förlora deras förtroende.

Så, hur gör du?

Det beror lite på situationen. Ibland ljuger jag bara för att inte ta fighten. Oftast blir de inte så arga, de fattar ju. Vi har också en kurator på skolan, henne jobbar jag väldigt nära med. Men om någon ringer mig mitt i natten så ringer jag min chef: 'Det här kan jag inte ta ansvar för, vad gör jag nu?'.

Det låter som ett omättligt behov?

Förutom att många har det *jättedåligt*, så är de tonåringar, det är väldigt dramatiskt. Tjejer gör slut och livet faller ihop. Men ibland får man ha medkänsla nog för att kunna säga att de får lov att skärpa sig. Du vet, ta på sig kläderna och komma till skolan. Att veta den gränsen.

Hur märker du själv när du blir extra medkännande?

Alltså, jag stör mig lika mycket som alla andra på brötiga tonåringar på bussen. Även de eleverna, som inte är mina, men som går i korridoren, kastar papper, skriker och sparkar. Jag blir galen! Det kan finnas elever som jag har stört ihjäl mig på, som är otrevliga och jobbiga. Men sen kan det vara en situation där vi har någon sorts kommunikation. Då kan det vända, och då vänder hela vår relation ofta. Det är bra för mig att bli påmind om att det är ett vuxenansvar. Relationen är ett vuxenansvar. Om de inte klarar av att ha den måste jag ta ansvar för att skapa en relation.

Vad är det som händer i dig som gör att det vänder?

Det är nog att jag ser dem. Att jag inte dömer dem på förhand. För det *har* jag gjort; det gör man med *kidsen* på spårvagnen.

Medkänsla som i att slippa döma?

Ja. Det kan man göra mycket lättare på håll; när man inte är utsatt. När man läser tidningen. Men när någon trycker på dina knappar, eller kommer lite för nära, lite för inpå, och du inte har fått eller gett dig själv chansen att *inte* döma först, det är då det blir svårt. Till exempel killarna eller tjejerna på skolan som bara är så jävla jobbiga. Som alltid kommer en kvart sent, luktar rök och som står och skriker i klassrummet. De är otrevliga innan man ens har mött dem. För mig är det ganska tydligt att jag oftast direkt förstår dem som är socialt utsatta på något sätt. Men de som till synes har det väl ställt, och som jag tänker på som bortskämda, och ändå är stökiga – jag stör ihjäl mig på dem och jag ger dem ju inte heller chansen. Men – om de går i min klass, eller jag har med dem att göra, då stannar det ju sällan där, och så blir det kontakt.

Att se människor, vad är det?

Dels att man litar på sin magkänsla. Dels är det att plocka upp saker hela tiden, att vara alert på något vis. Jag kan se något, som jag sorterar bort om det inte är så viktigt, men om sen någon annan påpekar det också, sådär i förbifarten, och någon tredje också säger något – så blir det en helhet.

Så att sätta ihop små delar?

Absolut. Jag får information hela tiden av eleverna från alla håll. Att ta sig tiden till att sätta ihop delarna, det är att bry sig, på något sätt.

Är inte det jobbigt?

Det är ganska jobbigt. Men jag tänker att man har olika förutsättningar och förmågor. Jag kan ha de många frekvenserna på samtidigt, och andra kan inte det. De som har förmågan att ha flera frekvenser igång samtidigt kan få plats och utrymme att ha det, tänker jag. Då räcker det. Alla behöver inte ha det. Jag har hög arbetsförmåga på många sätt. Men jag kan inte förvänta mig det av alla andra. Det går inte.

Var kommer den ifrån, just din förmåga?

Hela min familj är lite hektisk på olika sätt. Jag tänker att man som människa har ett ansvar för andra människor. Det är det som gör att man inte kan avfärda elever som behöver hjälp. Eller att man inte kan säga 'det hinner inte jag'.

Du valde i många år att jobba som just lärare – med krav om kunskap och lärande. Hur hänger det ihop med medkänsla?

Samhällskunskap handlar jättemycket om att skapa förståelse för den tid man lever i – och för andra människor. Det handlar om att lära sig ansvar för andra människor eller för det gemensamma – det finns liksom inbyggt i svenska och SO att lära sig att bli en god samhällsmedborgare. Jag tycker skolan har i sin grundfunktion att lära eleverna att driva sin egen personliga utveckling, hellre än att ha fokus på att prestera. Jag tänker att de är kapabla – och att vi kommer ganska långt om vi respekterar varje elevs utgångspunkt. Det är ingen magi, det är inte så himla svårt – det är bara lite ödmjukhet. Alltså: Vill jag att de alltid ska ha med sig en penna till lektionen, eller att de ska bli empatiska vuxna som kan ta ansvar för sig själva? Är det värt att tjata om pennan? Eller ska jag se till att själv ha med pennor, så att de kan göra det som är viktigt? Det kan man också prata med dem om, det är också ett sätt att skapa förtroende.

De 15–16-åringar du möter – har de medkänsla med varandra?

Det tycker jag. De blir glada när de andra kommer till skolan, när de ser varandra. De vill hjälpa varandra med saker. Vi hade nyss ett samtal med en grupp elever som sprider lite dålig stämning omkring sig på skolan. När vi lärare säger till dem att andra elever tycker det är obehagligt när de kommer, så finns det först några, som kanske säger 'det skiter väl jag i'. Men sen finns det andra som säger att 'det är jättejobbigt att andra är rädda för oss. Det är inte alls coolt'. Den skillnaden måste komma hemifrån, tänker jag.

Är det skolans uppgift att utbilda alla till en viss nivå av medkänsla?

Vi måste åtminstone utmana dem i det. När jag vet att en elev tittar jättemycket på antisemitiska videoklipp, köper alla möjliga världspolitiska konspirationer och liksom *tror* på detta – många har till exempel ganska mycket förutfattade meningar om judar och romer – så tar jag såklart de diskussionerna med dem. Vi ser Schindler's List, även om jag tycker det är fruktansvärt jobbigt att se den år efter år, och då blir även de hårdaste eleverna jätteledsna; det var till och med en som nyligen sa 'Fan, jag tror jag är ärrad för livet'. Och då tar jag diskussionen: Detta var de människor du tidigare pratade om.

Vad händer då?

Då tycker jag att de fattar, faktiskt. Det blir svårare när jag i klassrummet har elever som själva har direkta band till pågående, svåra konflikter – just nu har vi många kristna elever från Irak, Turkiet och Syrien.

Hur hanterar du det?

Jag är väldigt tydlig med att det inte får förekomma kränkande kommentarer; det är nolltolerans. Vissa ord använder vi inte i klassrummet, så är det bara. Men det är svårt. Ibland går det nog över gränsen, då får man stoppa. Det kan vara många situationer jag behöver hålla reda på, på en och samma gång. Det var till exempel någon som ville prata om abort i SO, och då fick de göra det. De kom snabbt in på frågan 'varför kan man inte bara adoptera bort sitt barn?'. Då sitter det barn som är adopterade i klassrummet, och blir mycket illa berörda. Såklart. Ska jag då sätta stopp för den diskussionen eller inte?

Hur använder du din medkänsla där?

Jag tror att jag nog tillåter ganska mycket samtal på mina lektioner; jag försöker låta dem ha sin upplevelse och samtidigt vidga deras synsätt – med fakta och förslag på andra sätt att tänka.

Så medkänsla är inte bara att hålla med och *curla*?

Nej, det går inte. Det vore jättekonstigt om jag gjorde det, då skulle de fara illa. Det är inte så svårt att vara den vuxna som i 'jag vet vad som är rätt'. Det svåra är att få med dem på tåget. Att inte sälja ut dem. När de berättar saker, som jag måste ta vidare; att få med dem på det. Säg att vi ska göra en anmälan till socialtjänsten; då måste jag berätta det för eleven. Och försöka få honom att förstå att det inte är farligt.

Vad kan det handla om?

Ibland är det våld i hemmet, ibland är det, att de utsätter sig själva för farliga situationer. Det kan vara allt. Att de lever *jättepromiskuöst* till exempel, blir ivägkörda i bilar. Att de använder droger. Eller att vårdnadshavare reser bort i flera månader, och man bor själv med en marginellt äldre storasyster... ofta handlar det om att de utsätter sig själva för saker, och egentligen längtar efter att få hjälp.

Närmar vi oss medömkan här?

I min yrkesroll handlar det om ansvar. Jag kan inte sitta och känna med dem. Det är ganska oprofessionellt om jag skulle sitta och gråta.

Det gör du inte?

Nej. Det gör jag inte. Det har nog aldrig hänt.

Så om du har att göra med en 13–14-åring, som blir slagen eller inte får mat hemma?

Jag blir nog mer som en socialarbetare då. Jag stänger av på något sätt. Han måste ju få prata också, utan att jag blandar in mig i det – det blir ju jättekonstigt om samtalet börjar handla om hur jag känner. Då kan man låta honom prata, utan att ge en massa råd; det behöver han inte just då.

Hur stänger du av?

Jag kan gå därifrån och vara helt vimmelkantig, men just i stunden blir jag väldigt lösningsfokuserad, känner *inte* efter och lägger istället energi på att komma på nästa steg – och att väga mina ord på guldvåg. Jag kan inte lova något som jag inte kan hålla, jag måste fokusera på att få honom att vilja stanna kvar och vilja ta emot hjälp.

Var tar du då dina känslor?

Ofta brukar jag gå hem; det är mitt bästa – jag går alltid. Det tar en timme, nästan. Då släpper jag. Jag bara går – om jag börjar tänka, så är det kört. Och jag går också till jobbet på morgonen, och i början kan jag mycket väl vara *assur*, men sen släpper det efter ett tag. Ibland hinner jag ringa kompisar som också är uppe tidigt – då hinner jag vara mig själv lite. Och sen på sista sträckan börjar jag att försöka planera dagen. Då har jag vaknat. Jag bestämmer mig för att vara konstruktiv.

Du bestämmer dig varenda morgon för det?

Ja, det gör jag nog. Nästan varje morgon. Det är klart att det inte alltid går...

Kroppen hjälper dig att vara konstruktiv?

Ja, absolut. Men jag kan tänka mig att den kommer på plats lite automatiskt, när man är på rätt plats själv. Man blir så stabil. Då kommer det av sig självt. Jag kan inte sätta mig och krysta fram idéer, det blir jättedåligt. Men om jag låter det ta sin tid kommer det på plats, och så gör jag det på tre minuter. Jag har ofta suttit innan och slitit mitt hår över 'Vad ska vi göra för att de ska lära sig om det här?'. Sen vet jag att om jag skiter i det, då kommer det på morgonen. Det har legat där under natten, säkert. Jag är inte stressad heller, jag har styrt upp mig på något sätt. Och då har jag också råd att vara medkännande.

Om du använder dig av din medkänsla varje dag, kan den då ta slut?

Nej, den kan inte ta slut. Jag tror det är lättare att vara medkännande om jag får positiv feedback. Om det blir bra, de gånger det har bränts lite. Jag skapar någon slags konto med de gånger då det har gått bra – och så kan jag använda det igen och igen. Och så finns det ju de fall som inte går bra. Men det är ofta inte saker jag kan styra över, de är utom min kontroll.

Så dem släpper du?

Nej, det går inte att släppa dem, men de försvinner ju ofta ut i andra system utanför min kontroll. Och det är såklart jobbigt, när jag då får veta att det inte har gått bra – då behöver jag påminna mig om de goda exemplen. Och också påminna mig själv om att inte göra bokslut för tidigt; det gäller att ha tålamod, det kan ta *skitlång* tid. Det kan ta flera år innan det blir bra. Och då gäller det att inte för tidigt tänka: Nu gick det åt helvete.

Epilog:

Jag vill gärna understryka vikten av kunskap och erfarenhet, att inte bara gå på magkänsla och goda relationer. Det är farligt, och kan göra stor skada, när folk rusar in i svåra situationer och tror att de vet. Man behöver kunskap om specifika skeenden och symptom; annars passerar en massa barn och unga under radarn, ofta söker de ju hjälp för något annat än det som är ursprungsproblemet. Man har ansvar för att vara öppen för att skaffa sig kunskap och fakta hela tiden – och sen kombinera med empati.

Bengt Holst

Beteendebiolog, tidigare vetenskaplig direktör för Köpenhamn Zoo

Om utseendets betydelse för närhet, acceptans av det som är och värdet av husdjur

En regnig aprildag meddelar jag min ankomst i receptionen på Köpenhamn Zoo, får gå in utan att betala och passerar kamelerna på vägen till vänster i trädgården. Vi ska ses på Bengts kontor, som finns på första våningen i en gammal byggnad i ytterkanten av anläggningen. Här är lite snett, lågt i tak och trångt – och fyllt med böcker. Kompetens väger tyngre än tjusighet och image.

Vad kan vi lära av djur kring medkänsla?

Vi kan lära om att vara omedelbara, och att inte hela tiden vara ett steg före och beräknande i våra relationer. Djur kan inspirera oss att vara just här och nu. Och att inte hysa agg, till exempel. Att ta hand om andra varelser kan till exempel lära barn att respektera det levande och behandla andra ordentligt – en god gammal Husar-tradition är ju att 'först utfodrar du hästarna, sen dina män, och sen kan du äta själv'.[3] Det lär sig barn av att ha husdjur – ansvarskänsla. Och det kan såklart föras över på mänskliga relationer. Vilket är ren medkänsla – förståelse för den andras behov.

Djur kan också fungera som tröst för människor som står utanför samhället; det är lättare att ha en relation med ett djur än med en människa; positionerna är klara, och du får respekt. Den respekt du gärna vill ha kan du få från din hund eller din katt, eller dina 25 katter, som är djupt tacksamma för att du ger dem mat varenda dag. Så djur är bra som objekt att visa medkänsla för på ett lätt sätt.

3 Husar: Refererar till ett kavalleriregemente, alltså soldater till häst.

Har djur medkänsla?

Medkänsla bland djur är inte samma sak som mellan människor. Inget tyder på att djur har den kedja av reaktioner som människor har, när vi känner *med*: Vi hjälper andra, vi försöker sätta oss in i den andra personens situation. Men du kan hitta drag i djurvärlden som kan likna medkänsla. Det finns fler arter där vi ser exempel på att individer är redo att offra sig själva för att rädda andra – vilket ju bland människor vore en väldigt extrem form av medkänsla.

Vi ser till exempel följande hos präriehundarna, som bor i hål i jorden, och ska upp till ytan för att leta efter föda: Under tiden de springer runt och letar är de lätt byte för rovfåglar, och därför är det alltid någon som står vid hålet och håller vakt – varnar ifall det kommer rovfåglar, så de kan skynda i säkerhet under jordytan igen. När detta händer, så är den sista som kryper ner också den som har hållit vakt. Det är ju i princip en altruistisk handling; jourhavande präriehund kunde ju välja att skynda sig ner först, inte riskera sitt liv, utan överlåta risken att dö till en av de andra. Men den stannar alltså. Så man kan säga att medkänsla hänger ihop med ansvar och samarbete.

Dock – vi ser också att om man flyttar en präriehund till en annan koloni, så varnar den inte. Alltså, förmågan att ta ansvar och villigheten att offra sig gäller enbart så länge hundarna är bland sina egna. De varnar sällan andra flockar, och definitivt inte andra arter. Vi ser tendenser till att det liksom är en fallande skala – om det är en nära besläktad flock är sannolikheten lite större att präriehunden faktiskt visar ett altruistiskt beteende. Men generellt – ju längre du kommer ut i det biologiska systemet, desto mindre chans för att den enstaka tar ansvar för flocken.

Hur då med YouTube-klipp av typen ’tiger passar kattunge’?

Alla djurungar har utseenden som gör att de väcker andra reflexer än vuxna djur. Den biologiska förklaringen är att stora ögon och höga pannor ska signalera sårbarhet och därmed kunna få omsorg av vuxna djur. Det finns ingen poäng i att ha ihjäl djurungar, inte heller från andra arter, för de är inte farliga eller potentiella fiender. Därför kan du se en tiger visa omsorg om en kattunge. Vi ser det hos babianerna på Zoo, till exempel: Om en unge dör, så går mamman runt och bär på kroppen. Det är inte för att hon sörjer, det är för att hon fortfarande utsätts för synen av en hjälplös unge. När vi sen tar bort kroppen händer det inte så mycket mera – hon tittar sig omkring och så äter hon vidare.

Så djur har inte minnen?

Nej. De kan ha erfarenhet, men det är inte samma sak som minnen. Här på Zoo har djuren till exempel en erfarenhet av att när det kommer en människa i djurskötare-uniform, så kommer det också mat. Och då tittar de lite extra. Eller, vilda djur – om de ser något svart/vitt ovanför sig, så är det nog en rovfågel.

Människors minnen kan man se som *känslomässiga raster* på dåtiden, känslor vi kan framkalla hos oss själva – också i relation till nya sammanhang: Om du går på en begravning för någon som du egentligen inte känner väl, så kan du ju mycket väl gråta ändå, eftersom du kopplar till dina minnen av sorg från andra situationer. Eller för att du kan föreställa dig hur det blir när en till dig närstående kanske snart dör. Den förmågan, att abstrakt kunna föreställa sig hur det blir i framtida situationer finns det inget som tyder på att djur har. Det är bara vi människor som har den förmågan, på gott och ont. Vi tänker inte bara framåt i tiden för att rädda våra gener, men för att vi känner, och kan föreställa oss, att vi också i framtiden vill ha en relation med den vi hjälper. Så medkänsla handlar kanske bland annat om att det finns en idé om att stärka en relation.

Medkänsla hos människor?

Det är förmågan att kunna föreställa sig hur man själv skulle må i en situation som någon annan upplever. Vi ser också en tendens till att ha mera medkänsla med vissa framför andra. Alltså, du har mer medkänsla om dina egna barn upplever något smärtsamt, än om grannens barn gör det. Det är ju paradoxalt att vi förfäras över till exempel Syrien-kriget, när lika förfärliga händelser har ägt rum på andra ställen i världen i årtionden – det är bara så långt borta att sannolikheten för att det kunde vara vi själva som var drabbade är enormt liten. Och då tynar medkänslan. I alla fall generellt.

Det spelar roll för medkänslan hur fysiskt lika oss själva den andra är?

Ja. Det hänger ihop med en inbyggd förmåga att skilja på oss och dem – familjen eller inte familjen, landsmän eller inte. Som präriehundarna.

Hur kommer det sig då att några människor har mer medkänsla med djur än med människor?

Ja, det är helt groteskt. När vi hade 'Giraff-saken'[4] var det precis samtidigt som Ryssland invaderade Krim, och kriget i Syrien var i full gång ... Och folk var enormt upprörda över avlivningen av en giraff. Det har att göra med att det är lättare att förhålla dig till en individ än till en stor, internationell kris. Så om en hundägare sparkar sin hund, det fotas och hamnar på förstasidan av en tidning, då kan vi uppleva en storm av upprördhet som bottnar i medkänsla med hunden. Däremot blir det inte så mycket storm om tidningen skriver om alla de hundar som lever under förfärliga förhållanden överallt i världen. När det är en individ, kanske till och med

---

4 Köpenhamn Zoo avlivade 2014 en frisk, ung giraffhane. Som en del av ett internationellt avelsprogram var den överflödig i förhållande till giraffbeståndet i stort. Zoo bjöd in bland annat skolklasser att se på under obduktionen. Det ledde till mycket, och mycket negativ, medial, internationell uppmärksamhet.

med ett namn, så kan du rikta dina (med)känslor väldigt precist.

Och, i fallet med giraffen – om det hade varit en antilop så hade det inte framkallat någon reaktion alls. Vi placerar gärna djur på någon sorts *sötskala*; grodor och möss framkallar ingen eller väldigt låg medkänsla, detsamma gäller hönor och kycklingar och grisar – dem äter vi allihopa. Men när vi kommer fram till hästar börjar det bränna till. Och får den ränder på så är det en söt zebra, och giraffen är så majestätisk, och elefanten också. Och när vi kommer till människoaporna känner väl de flesta att dem borde vi ha extra mycket medkänsla med, eftersom de har så mycket gemensamt med oss. Men grejen är att de också har mycket gemensamt med de andra afrikanska aporna. Så då får vi räkna in dem också. Men de är också besläktade med de asiatiska och sydamerikanska aporna... kontentan är att det inte ger mening att sätta upp sådana skalor. Det enda ställe du möjligen kan dra ett streck, är mellan människor och andra djur.

Men varför då mer medkänsla med en giraff än med 200 människor i en båt på Medelhavet?

Tja, vi kan konstatera att folk läser om tusentals flyktingar och sen fortsätter med sitt morgonkaffe. Men när vi fick se en bild på en 3-årig pojke, med namn, som ligger drunknad på en strand, så händer det saker – i alla fall för en tid. Vi kan förhålla oss till ett enkelt barn, vi kan tänka: Det kunde ha varit mitt barn, men det är svårare att förhålla oss till en massa statistik. Det är människans begränsning.

Vad är syftet med att vi som människor kan ha medkänsla med djur?

Djuren har ett värde i sig, bara för att de är. Det är min utgångspunkt, och där finns medkänslan. Så det bästa jag kan göra är att förhålla mig rationellt till vad de och naturen behöver. Och att inte mänskliggöra djuren, för då tillskriver jag dem goda och dåliga egenskaper – beroende på hur väl de beter sig enlig våra mänskliga standarder – och så är dömandet igång. När vi förhåller oss till djur är det mest rimligt att förhålla oss till det som är; inte att förhålla oss till hur vi gärna vill att de ska vara. Det är medkänsla.

Epilog:

Jag vill gärna understryka att djur inte har känslor på samma sätt som människor. De kan visa beteende som vi *tolkar* som känslor, men det är snarare instinkter. Det som skiljer människor från andra djur, är att vi just kan vara medvetna om våra känslor och förhålla oss till relationer över tid. Det kan inte djur. De lever mycket mer i nuet.

Dina Petranovic Nielsen

Chef för partnerskap, Novo Nordisk Foundation Center for Biosustainability, Danmarks Tekniska Universitet

Om tålamod, betydelsen av kärlek under uppväxten och av att ta hand om sig

Vi träffas första gången när jag intervjuar henne i samband med hennes ansökan till det Executive MBA program man kan gå på Handelshögskolan vid Göteborgs universitet. Hon pratar då om sin vision om att göra gott för mänskligheten genom forskning. Hon har varit involverad i stiftelsen Molecular Frontiers, som jobbar med att nå ut med världsledande forskning till bland annat barn och unga, i syfte att rekrytera kommande generationer till forskningen. Samtalet här äger rum på hennes kontor på Chalmers Tekniska Högskola en sensommardag.

I slutet på samtalet berättar Dina om sin dröm om, att inom ramen för Molecular Frontiers göra en sorts katalog med forskare:

En katalog, där man ser deras porträttbilder; de ska vara fotade med deras husdjur och barn och familjer, lekande på stranden till exempel, så man ser att de är vanliga människor. Och dessa människor spenderar sina liv på att försöka lösa fruktansvärda problem för mänskligheten – det är så många människor som faktiskt vill göra gott och vill ställa till rätta.

Du har länge varit tydlig med att du vill bidra genom vetenskap. Varför?

När jag var 13–14 år, kriget hade börjat och min mamma var i Paris, då var jag och min pappa kvar i Kroatien. Det fanns inga pengar för uppvärmning, skolan var stängd och vi fick plugga på egen hand. Jag minns att jag hittade ett citat från Tycho Brahe, som var ungefär: 'Gud, låt mig inte ha levt förgäves'. Den idén, att bara ha varit här, som en klump kött, dumpat på planeten, och sen är det plötsligt slut... jag menar; vi har möjligheter att göra saker, göra gott och *inte* vara här förgäves. Det fastnade. Och sen har jag alltid älskat vetenskap.

Även innan du var tonåring?

Ja. Det första jag ville bli var astronaut. Min pappa sa: 'Du är en liten flicka, i ett kommunistiskt land, som inte har ett rymdprogram. Kanske skulle du ha en plan B'. Jag var väldigt lyckligt lottad med föräldrar som båda jobbade med vetenskap, så jag fick uppleva hur den världen fungerar, jag fick följa med dem på konferenser till exempel... Sen var det också en av mina lärare i gymnasiet som en dag kom in i klassrummet, tog en krita och ritade en enorm cell på hela tavlan. Hon sa: 'Nu ska vi prata om cellen och allt inuti den, och hur saker händer på insidan'. Hon var en så enormt briljant lärare, och jag hade en upplevelse av att *detta är fantastiskt*. Vi är fortfarande vänner, hon heter Vesna Vukelic Burusic.

Vad var det med just cellen?

Det var en uppenbarelse – du kan upptäcka saker, och verkligen *veta* dem. Det handlar inte om att tro. Om jag tvivlar på något så kan jag designa en rad experiment för att testa mig fram, och få fram mätbara och märkbara resultat – inte bara något som förblir en tro eller en tanke. Självklart är våra resultat inte perfekta, för våra metoder och analyser är inte perfekta, men vi närmar oss hela tiden sanningen mer och mer. Så, när jag var 17 bestämde jag mig för att satsa på molekylär biologi – till min mammas stora skräck. Hon var så väl medveten om hur tufft detta fält är, så hon försökte i flera månader att övertyga mig om att satsa på att bli frisör. Hon sa att jag då skulle få ett mycket lyckligare liv. Men jag svarade att 'kanske det, men då får jag inte heller ägna mig åt något som verkligen motiverar mig'.

Som frisör skulle du kunna hjälpa folk?

Absolut – om jag var en bra frisör, haha. Men jag ville göra något som bygger på ett oändligt sökande. Jag tänker att det ligger stora, oupptäckta fält framför oss, och att jag är en sorts detektiv som letar efter ledtrådar. Och du vet, chansen att *jag* hittar *ledtråden*, som löser centrala gåtor, är ju väldigt liten. Men vi är en flock av detektiver som är ute och forskar, och på sikt kan vi sammanfoga alla våra fynd och skapa mening. Och därmed bra, konkreta resultat för många.

Så att vara tonåring i ett inbördeskrig, och att ha välutbildade föräldrar, öppnade för vissa insikter. Men hur spelade det roll för din motivation kring att bidra och hjälpa?

Jag har känt mig älskad, att mina föräldrar verkligen tog sig an mig hela mitt liv. Jag har också känt mig respekterad. Jag kan inte komma ihåg att jag som barn inte var inkluderad i vad som försiggick. Om vi till exempel skulle köpa ny bil, så var jag med i processen. Och inte som i 'du kan få välja färgen' – mer såhär: 'Detta är vår budget, detta är kriterierna som bilen ska uppfylla, och nu ska vi alla tre ut och leta efter en bil som passar in på det'. Jag upplevde att min röst var viktig i viktiga frågor, jag fick små utmaningar och tid att möta dem på mitt eget sätt – det har påverkat mig mycket.

Kunde dina föräldrar möta dig känslomässigt?

I andra klass var det en flicka som mobbade andra tjejer, och jag kände väldig tydligt att jag inte ville vara med i hennes gäng – så jag försökte att distansera mig. Vilket gjorde att hon också aktivt hindrade andra från att leka med mig. Klart jag var ledsen, men mina föräldrar stöttade genom att fråga vad jag kunde göra för att hitta andra lekkamrater. En gång kom det då till ett läge då flickan var elak mot ett mindre barn på lekplatsen, och jag reagerade genom att först försöka övertala henne till att inte vara det – och när det inte fungerade så slog jag henne, med handflatan, rakt i ansiktet. Inte så mycket att det gjorde ont, tror jag, men mer att det var en demonstration av att här gick gränsen för hennes makt över oss andra. Hon blev helt vansinnig, men lärarna vände bara ryggen till... på den tiden i Zagreb blev vi uppfostrade med att främst försöker du navigera i de sociala strukturerna själv, och *eventuellt* kan du påkalla de vuxnas hjälp. Jag tror hon blev ganska chockad över att jag – som annars alltid var väldigt lugn och civiliserad – gjorde vad jag gjorde. Men hon förlorade snabbt sin status, och hennes klick föll isär.

Vad säger denna berättelse om dig?

Jag har alltid varit väldigt känslig för orättvisor och smärta. Vilket också kommer från mina föräldrar: När vi vandrade försökte de alltid att rädda sniglar, ormar och flugor – jag har aldrig sett pappa döda en fluga. Han fångade dem och släppte ut dem genom fönstret.

Och så kom kriget...?

Vi var helt i chock. Och kände avsky. Tänk att detta kunde hända 1991 – precis efter att vi hade haft folkomröstningar om oavhängighet och att alla pratade om ett förenat Europa. En del av min barndom spenderade jag i Frankrike på den tid då Kohl och Mitterand höll varandra i handen, och precis innan hade ju Berlinmuren fallit. Jag kan fortfarande gråta när jag tänker på Berlinmuren och vilka förhoppningar vi hade. Hur vi tänkte att det var fantastiskt och skulle leda till frihet. Det känns som en enorm förlorad möjlighet vi hade – att göra något fantastiskt med mänsklig frihet och potential.

Hur överlevde ni?

Min pappa blev svårt sjuk på den tiden, så därför åkte mamma till Paris för att säkra oss en korridor ut, ifall vi blev tvungna att fly, och också för att säkra oss en inkomst ... så hon satt ensam i Paris och lyssnade på radion för att följa med i var bomberna föll. Min strategi blev att fokusera på skolan.

Kunskap och utbildning?

Jag sa till pappa: 'Nu lämnar jag skolan och ansluter mig som frivillig sjukvårdare, så kan jag bidra som sjuksköterska, för det kan jag göra snabbt'. Och då svarade han: 'Du är 14 år; du blir antingen våldtagen eller ihjälslagen, eller både och. Och då har du bara hjälpt väldigt lite. Så ta nu och håll dig vid liv och fokusera på det du är bra på. Det är din viktigaste mission.' Och jag förstod ju det – mitt syfte är nog att fokusera mer långsiktigt.

Är du en särskilt tålmodig person?

När det kommer till väldigt viktiga saker kan jag vara väldigt tålmodig – däremot kan jag mycket väl störa mig på små, irriterande vardagssaker.

Tänk om det stora forskningsgenombrottet inte kommer under din livstid?

Jag är helt okej med det. Klart att jag är ledsen för de som inte hinner överleva tills vi kommer på lösningar som verkligen kan hjälpa många patienter. Men jag behöver inte personligt vara involverad i lösningen, eller få *cred* för ett stort bidrag. Jag vill bara visa för mig själv att jag är en del av helheten – du vet, om jag bevarar *tron* på det, så har jag passionen och så kan jag bidra på bästa möjliga sätt.

Det låter nästan religiöst?

Ja – i vetenskap håller vi ju *också* på med tro – när vi skriver en forskningsartikel skriver vi till exempel 'vi tror att detta kan leda till det här och det där'. När du lider brist på fakta går du ju in i troendet.

Dina säger sig vara bra på att få kritik på forskningsresultat, en inbyggd del av den akademiska kulturen:

När man har upplevt så mycket tungt i livet som jag faktiskt har, så blir det lite så där 'ja-ja', när jag får en ickekonstruktiv kommentar på något jag har skrivit. Jag försöker ha en pragmatisk attityd – om jag behöver så och så många publicerade artiklar för att kunna göra mitt jobb, då skaffar jag det. Jag lägger inte känslor på det. Jag kan däremot fokusera på mitt *riktiga* jobb. Och mitt riktiga jobb, det är där känslorna är – och de handlar om att det finns något *så mycket högre*, att jag inte behöver lägga energi på att stressa över småsaker på vägen.

Vad är det som är så mycket högre?

Jag är ingen patriot, eller medlem av någon sportklubb eller någon religion, jag är en del av en allians, som är global, som är spridd överallt och egentligen är universell. Och det är vad som betyder något – att få vara med och leva de värderingar vi representerar: Gemenskapen i att jobba för en fossilfri värld, eller mot till synes obotliga sjukdomar. Att vara med människor som fokuserar på vad de tydligt märker behöver göras, snarare än till exempel att bli berömda eller tjäna en massa pengar.

Kommer det någonsin att hända, att ni kan bota alla sjukdomar?

Det finns redan *så mycket* kunskap som inte kommer patienter till godo. Den blir inte använd på grund av dåligt fungerande sociala strukturer och politik – i sjukvårdssystemet, i försäkringssystemet och i pensionssystemet. Helt grundläggande är det sociologin runt naturvetenskapen som hindrar den i att gynna så många som möjligt. Hur så mycket inte fungerar på grund av dålig styrning och dåliga sociala strukturer, det kan faktiskt ta modet från mig.

Så hur bevarar du ditt tålamod?

Jag tror verkligen starkt på människan. Och det är tufft. Jag kan ibland bli väldigt ledsen och behöva gråta över att allt så snabbt kan gå helt åt skogen; att några få maktfulla politiker så snabbt kan förstöra vad så många goda människor har byggt upp över lång tid för att göra världen till ett bättre ställe. Och så behöver jag sova. Och även om inget egentligen har förändrats under tiden jag tar en lur, så kan jag vakna och vara fokuserad på våra större syften igen. Vi behöver fortfarande göra det som vi behöver göra, och hoppas på det bästa.

Vad är det som ligger till grund för din förmåga att återgå igen och igen?

Jag tror inte jag kan ge upp, för då skulle jag svika mina grundvärderingar. För länge sen sa min mamma till mig: 'Du vet, när du jobbar mot något, och det är tufft, och det sen bara blir tuffare. Då tar du bara i ännu mera, och mera, och mera, tills det går den vägen som du tror är rätt. Ge aldrig, aldrig upp.'

Handlar det om att bära mycket ansvar – eller handlar det mera om att inte ge upp dig själv?

Båda och. Sen finns det också ett element av flykt – det är *så mycket* jag inte kan påverka, men då kan jag fly in i det jag *kan* påverka – eller i alla fall till där jag har en chans för att vara med och dra utvecklingen åt rätt håll. För vad ska jag annars göra, om inte bevara tron på mänskligheten?

Man kan bli arg, deprimerad eller uppgiven – det finns många olika reaktioner?

Jag somnar. Jag behöver verkligen sova mycket, minst åtta timmar per natt. Och om jag är särskilt ledsen eller uppgiven behöver jag också en lur på dagen. Så återhämtar jag mig själv och kan börja hitta strategier framåt.

En röd tråd för dig är sambandet mellan kunskap och medkänsla?

Jag tror uppriktigt att om folk vet mer, så kan de också ändra sitt beteende. Och då menar jag inte bara faktavetande, som ju normalt associeras med vetenskap, men också insikt om världen omkring oss, insikt om dig själv, och om hur ditt beteende påverkar andra – då skulle folk ändra sitt beteende.

Men vi *vet* ju att det är dåligt att köra med fossilt bränsle, eller att skälla på en kollega?

För mig är vetande det samma som kännande. I det ögonblick jag *vet*, så sätter jag mig automatiskt in i den andras situation. Du vet, det pågår flyktingkriser. Jag kan mycket väl föreställa mig hur det vore om det var jag och min familj som var på flykt nu. Jag kan *känna* det från de andras perspektiv ... Men sen lärde jag mig på Handelshögskolan, på alla kurser i ledarskap och psykologi, att det *inte* är så de flesta andra människor fungerar. Man behöver uppenbarligen alla möjliga strategier för att motivera andra, det räcker *inte* med att bara förklara fakta.

Ja, jag *vet* jättemycket om vad som behöver göras, men jag agerar ofta inte. För att jag inte orkar.

I praktiken kan jag inte hjälpa överallt och hela tiden, för mitt eget liv behöver också tid och energi. Jag är inget helgon. Men *när* jag kan, så försöker jag att bidra: Det kan vara genom att ge av min tid eller min kunskap när jag undervisar studenter som annars inte får utbildning. Och framför att se det som en tyngd att välja var jag bidrar, så tänker jag på det som en vana: Jag har tränat upp en medvetenhet om att för att må bra och kunna bidra, så behöver jag privat tid och utrymme, och att inte känna ansvar hela tiden.

Sambandet mellan medkänsla med dig själv och med andra?

Jag tänker att min *ursprungsdrivkraft*, från jag var liten, är som en stor ängel – men att denna ängel också *tar* energi. Jag har insett att för att fortsätta framåt, och fortsätta bidra med passion på ett hållbart sätt, så behöver jag också ta hand om mig själv. Det är lite som att sitta på en stor raket: Om du sitter direkt på den bränner du dig. Så nu försöker jag att tänka att jag sitter i förarsätet *bakom* raketen. Då kan jag komma längre. Och inte bränna ut mig.

Epilog:

Jag är fortfarande upptagen av glappet mellan vad vi rationellt och vetenskapligt *vet*, och alla mänskliga hinder för att bra vetenskap kommer så många som möjligt till godo. Om man till exempel tar medicinindustrin och systemen för sjukförsäkring – de är inte gjorda för att hjälpa så många som möjligt, utan för att maximera vinstintressen. Egentligen är grundfrågan: Levererar marknadsekonomisk logik kring sjukdom och medicinering de bästa lösningarna till oss, som vi kan tänka oss?

Michaela Ahlberg

Senior advisor Getinge, jurist, specialist i etik och regelefterlevnad

Om företagsetik, individens ansvar och korruption

Michaela och jag träffas första gången då hon jobbar med frågor om etik och regelefterlevnad på Volvo. Vi håller kontakten under hennes år hos Telia, och ses för detta samtal i hennes lägenhet i Stockholms innerstad en klar januaridag. Lägenheten är under renovering, stor presenning i hallen, vi sitter i hennes kök och hon dukar fram en smarrig salladslunch – det är något generöst i hela hennes varande. Samtalet äger rum precis under tiden hon är på väg bort från Telia, och skriver på boken 'The Grey Zone: A practical guide to corporate conduct, compliance and business ethics'.[5]

Vi börjar i hennes kommentar om att när hon nyligen såg på TV med sin dotter, och ledande politiker från ett stort parti sa 'vi behöver ta krafttag mot invandring, vi behöver ta krafttag mot bidragsfusket', svarade hennes dotter: 'Det behöver vi inte alls, vi behöver mer medkänsla. Det är vad vi behöver'.

Jag håller med. Alla människor är ju kanske i grund och botten goda, men väldigt många är desillusionerade, och litar inte på politiker, affärsmän, domare, journalister – de litar inte på systemet. Och när man inte litar på någon eller något längre, blir man bara ensam med sig själv.

Så medkänsla hänger ihop med tillit?

Ja, lite tillit måste man väl ha till andra och till system, annars får man hela tiden konstruera sin egen sanning, och det blir väldigt jobbigt. Om man däremot använder sin förmåga att sätta sig in i andra människors situation konstruktivt, så kan man bidra till ett bättre samhälle. Det handlar

5 Fritt översatt: "Gråzonen: En praktisk guide till bra beteende, regelefterlevnad och företagsetik".

om att ta ansvar för sin medkänsla – att ta ansvar för sina beslut och sina handlingar. Inte bara när man är hemma i privatlivet, men även när man är på jobbet. Jag inser att det finns svårigheter och gränsdragningar, men det är väldigt, väldigt viktigt för att komma till rätta med många utav de stora problem som vi har i världen, att man tar ett större, individuellt ansvar. Och det handlar om inkännande – inte bara att vara rädd för att ens egna barn ska växa upp i en värld utan ren luft eller sjukvård, men även att förstå att det finns andra människor, som drabbas av mina beslut, mina åtgärder, eller min *business*.

Kan man känna medkänsla med hela världen?

Nej, jag tror inte man har kapacitet att göra det, skulden blir för tung. Men man kan fråga sig 'hur ska jag använda min inkänningsförmåga på ett bra sätt?'. Om man tar till sig att vi har stora gemensamma problem i världen – brist på respekt för mänskliga rättigheter, hunger, brist på tillgång till utbildning, krigszoner, användningen av våra gemensamma naturresurser, och vi å ena sidan har en idé om att det är stater, politiker och ideella organisationer som tar ansvar för att göra något åt dessa problem, och å andra sidan har så extremt låg tillit till dessa – så måste vi tillbaka till individens kapacitet för att ta ansvar för något som är större än sig själv.

Hur välja vilket ansvar jag ska bära?

På företag pratar jag mycket om att vi måste ta ansvar för på vilket sätt vår affär påverkar miljö, sociala frågor, arbetsförhållanden och individers integritet. Det är inte många som har tänkt mycket på det. Oftast sitter hållbarhetsavdelningen i ett hörn av kommunikationsavdelningen, och det blir mycket *prat* om allt bra man gör. Men man håller käft om allt dåligt som man också gör. Man skänker pengar och jobbar med jämlikhetsfrågor, vilket är fint, men man berättar ju inte att man har leverantörer med *sweatshops*[6] i Indien, eller att man har gjort affärer med djupt korrupta människor eller regimer.

Du talar om etik och moral egentligen?

Så här: Först gick vi omkring i paradiset med fikonlöv, och hade det bra. Sen började folk bete sig på sätt som inte stämde överens med de gemensamma värderingarna, och då fick vi sätta oss ner och skapa lagar. Så alla lagar som vi skapar, skapar vi ju för att på något sätt jämka ihop oss kring några grundläggande värderingar. I Sverige, till exempel värderingen att om vi betalar skatt, så tar staten i gengäld hand om utbildning, sjukvård och annat som vi behöver för ett gott liv. Lagar som inte stämmer överens med våra gemensamma värderingar fungerar ju inte. Man kan påtvinga folk en lag, men det kräver väldigt mycket övervakning, poliser och praktiska konsekvenser. Jag förhåller mig till etik på samma sätt, den handlar också om våra värderingar, och hur vi agerar mot varandra. Vi vet *egentligen* att även om jag inte åker i fängelse när jag betalar 280 miljoner till ett bolag som jag inte riktigt har kollat, och som möjligen ägs av sekreteraren till presidentens dotter, så är det fel. Även om det inte uttryckligt är olagligt.

Svenska företag bör väl respektera andra länders lagar och politiska system?

Det har ju svenska företag gjort i väldigt stor utsträckning, man har mutat och betett sig extremt oetiskt utomlands, för att man har tagit seden dit man kommer. Men alltså medkänsla: Om man tänker på Nigeria, ett av världens rikaste länder på naturtillgångar, och då funderar på hur det kommer sig att folk där fortfarande lever i extrem fattigdom, otrygghet, och får sina barn kidnappade av Boko Haram – och

---

6 Fritt översatt: Låglönefabriker med dåliga arbetsvillkor, som producerar till exempel kläder, som därför kan säljas billigt i andra delar av världen.

om de inte blir kidnappade, så går de i alla fall inte i skolan. Varför är det så? För att pengarna, som cirkulerar kring de här råvarorna, går ju till fel fickor. Hela tiden. Om man försöker förstå vad korruptionen faktiskt innebär, så kanske man inte är lika intresserad av att medverka till den.

Men är det vårt ansvar hur en annan stat hanterar sin inrikespolitik?

När vi går dit och gör affärer blir det en del av vårt ansvar. När man väljer att ha någon form av transaktion eller interaktion med någon annan, så tar man också på sig ett ansvar. Helt konkret, om vi tar det led för led – om jag vill köpa en *padda* eller en telefon, så vet jag att dessa apparater tillverkas med så kallade konfliktmineraler, som kallas precis så för att de utvinns i gruvor i Afrika där man har fruktansvärda arbetsförhållanden: Våldtäkter, våld, utsugning av arbetskraft ... Och de här arbetsförhållandena, de blir inte bättre just för att varje konsument ska ha två–tre sådana här *enheter*. Kedjan är ju komplex: Därborta har vi konfliktmineraler, sen har vi människor som dör som flugor av att jobba under rena militärläger-förhållanden. Sen har vi smältverk i Kina, och där har vi en workshop där man sätter ihop telefonen, den ligger också i Kina. Sen har vi ett stort amerikanskt smartphone-bolag, och så har vi en svensk teleoperatör som säljer deras telefoner, som en del av ett abonnemang. Till en kund. Och så tittar vi på hela denna kedja. Då kan man fråga sig vem i hela den här kedjan som har något ansvar för den här skiten. Är det någon?

Ja, vem har det?

Alla har ett ansvar. En sak jag tror mycket på, är att man hjälper till att utbilda konsumenter; att man ger konsumenten större möjlighet till medkänsla genom information. De tre byggstenarna information, medkänsla och ansvar måste lyftas på företagsnivå *och* på individnivå, så att vi kan hantera våra stora, gemensamma problem mer resolut.

Ett företags yttersta syfte är väl inte att utbilda konsumenter?

Om man går till en jurist och frågar 'vad är företagets *raison d'être*?[7] så kollar juristen i Aktiebolagslagen och svarar att 'ett aktiebolags ändamål är att tjäna pengar till sina aktieägare'. Men det är inte sant. Jag hävdar att ett företag har skyldigheter mot fler parter än sina aktieägare. Jag har alltid undrat 'vilka aktieägare? Dem vi har just nu, eller de som ska köpa aktier i framtiden? Eller dem som i sin tur får leva med de problem som vi skapar nu?'. Jag kan ha respekt för kapitalismen och de krafter som finns inbyggda i den, men det finns fler intressenter: Staten, leverantörer, anställda, samhället … klimatet.

Så det är viktigt att kunna tänka långt. Egentligen oändligt?

Ja, det är jätteabstrakt, men det går ju. Om man vill. Börja alltid med att göra en analys av *sammanhangen*. Utan en sådan analys har du inga möjligheter att förstå vad som är viktigt, vad och vem du påverkar, och var du därför ska ha ditt fokus. Och då agerar du *kompasslöst*. För ett företag börjar analysen genom att man pratar med akademiker, investerare och journalister. Kolla på de länder du investerar i, titta på risker. När jag gjorde en sådan analys på Telia höll ju styrelsen på att få dåndimpen – 'Oj, är det så här kleptokrati fungerar?'. Man hade ingen aning …

Men är det företags uppgift att visa medkänsla?

Nej. Men ett företag består utav tusentals individer. Och varje individ har ansvar, för sig själva och för sin yrkesroll, och för vad de gör när de är företaget. Annars skapar man en väldigt konstig situation; nämligen att man kan sitta hemma och oroa sig för världen, och sen är man plötsligt någon helt annan när man går till jobbet.

---

7 Översatt: Skäl att finnas, existensberättigande.

Ah, kan man inte få lov att vara privat hemma, och sen gå till jobbet och sköta det?

Nej, tyvärr. Man kan inte sitta hemma och tänka på mänskliga rättigheter, och så gå till jobbet och inte tänka på dem. Vi kan bara åstadkomma förändring om folk tar med sig sin ansvarskänsla in i jobbet.

Är medkänsla något mer än att bete sig lagligt och etiskt?

Medkänsla är en *känsla*. Företag kan inte ha känslor, för företag har ingen själ. Men individen har både själ och hjärna. Så individer har möjlighet att bygga företag som drivs på bland annat medkänsla. Som innehåller regler, processer och redskap, så de kan arbeta på sätt som stöttar dem som vill ta ansvar.

Det finns väl många som pratar om företags själ, anda och värderingar?

Men det är *corporate bullshit*. Värderingar är extremt starka verktyg, de kan styra en värld – men jag har inte jobbat i några börsnoterade företag som verkligen har de här gemensamma värderingarna. Varje gång det kommer en ny VD så får man nya ledord – *tempo and timing*, *customer first* eller något annat modernt. Men det är ju bara ledord.

Kan ledord vara en hjälp för individen att ta ansvar?

Om man verkligen vill skapa transformation krävs det ansvarstagande av individen – som handlar om hur du leder *dig själv*, oavsett vilken roll du har i bolaget. Det vi inte vill, är att skapa möjligheter för individer att säga 'det är chefens ansvar'.

Om man nu inte alls är van vid att tänka att man också har ett ansvar – då kan det vara lite som att börja träna eller sluta röka. Några tips?

Att borra ner sig i frågan om varför det är viktigt att bryta dåligt beteende. Varför är det viktigt? Igen: Varför är det viktigt? Och igen: Varför är det viktigt? Och hitta sina egna skäl. Grundläggande: Varför blir barn kidnappade av Boko Haram? Jo, bland annat för att polisen i Nigeria är korrupt. Varför ser det ut som det gör i Kina, och i FIFA? Jo, för att det är korrupta system, och pengar hamnar hela tiden i fel fickor. Och om vi inte slutar nära fel system med våra handlingar och pengar tar det aldrig slut. Vi har allesammans, *tillsammans*, kapaciteten att få slut på det över natten. Om vi vill.

Så korruption som motsatsen till medkänsla?

Korruption handlar ju om att det ska bli så bra *för mig* som möjligt. Kortsiktigt. Man struntar i att man stjäl och bedrar och ljuger. I en kleptokrati som Uzbekistan är det extra lurigt, för om du åker dit på besök upplever du inte en enda propå om att betala en muta: Tågen kör i tid, polisen fungerar, det är organiserat och som besökare känner du dig inte hotad. Korruptionen sitter i toppen – istället för att betala 280 miljoner för en licens till en regering, så betalas de till ett bolag i Gibraltar. Det vill säga, att pengarna inte kommer många till godo. Men – för att hålla människor i ett sådant samhälle i schack behövs ju en enorm apparat av förtryck: Världens mest groteska polis-apparat, hemlig avlyssning, folk hamnar i fängelse eller kokas i olja ...

Kan man både göra gott och tjäna pengar?

Du måste kunna göra både och. Det finns massor av exempel på företag vars själva affärsidé är att göra gott *och* att verka hållbart. Även om mycket politiskt verkar gå åt fel håll i världen, så tror jag folks kapacitet till medkännande och inkännande har ökat. Jag ser ett stort hopp i nya generationer, som beter sig annorlunda som väljare och konsumenter än äldre generationer – bland annat för att de är mer upplysta. Och de förstår att om det ska bli förändring mot mer hållbarhet i vid bemärkelse, så måste vi ge upp lite av våra privilegier.

Varför har du valt att lägga ditt arbetsliv hos börsnoterade bolag, och inte hos till exempel Amnesty International?

Jag har varit med så länge, så det är detta jag *kan*. Jag är trygg med att veta vad jag gör, och det är en viktig känsla. Och de senaste åren har jag också tyckt mig ha en kapacitet att förändra, eller i alla fall påverka för förändring. Och jag har velat ta den möjligheten att göra det. Att påverka från insidan.

Din medkänsla, eller din etik — var kommer den ifrån?

Den är förvärvad. Jag tror inte jag nödvändigtvis har en särskild kapacitet för detta som jag är född med, eller har med mig från väldigt tidigt. Jag har haft vissa formativa tidpunkter i livet. Till exempel då jag läste boken *Beautiful Souls* av Eyal Press som handlar om olika människor, som har valt att göra det rätta, när alla andra har valt att göra det som är fel. Jag intresserar mig dock *också* för dem som gjorde fel, för kanske har de också kapacitet att göra rätt. Och ska du jobba i företag med att göra positiva förändringar, så ska du ju nå alla. När jag läste Press' bok blev det tydligt för mig som bolagsjurist att jag ville styra om, och jobba just med etik och *compliance*, som handlar om regelefterlevnad.

Var det svårt att ändra inriktning jobbmässigt?

Jag har ju fått behålla många av mina privilegier, min titel och min status, och att få sitta relativt långt uppe i hierarkier. Men jag hade kanske inte riktigt räknat med att det skulle vara så mycket gnissel i att vara den mothållande kraften, internt.

Så hur orkar du fortsätta skapa gnissel?

Jag är bra på att distansera mig från mitt jobb: Jag går till min yoga, jag umgås med vänner utanför jobbet, jag gör andra saker. Men också att det finns ett antal personer som jobbar med samma frågor på andra bolag, och att vi har skapat oss ett nätverk. Det ger näring att umgås med andra människor som tycker att samma saker är viktiga. Och, jag har äntligen vid 65 års ålder börjat lära mig någon sorts teknik för att hantera friktion och social obekvämhet, nämligen att närma mig sådana situationer med all värme, medkänsla och humor, som jag kan uppbåda. Annars går man av på mitten, och försvinner i ilska och vrede.

Epilog:

Det jag har tänkt på mest efter den här intervjun är att man måste träna på att bli etisk och utveckla sitt eget självledarskap. Något gemensamt sunt förnuft existerar inte – man måste *träna* sin kapacitet för att tänka etiskt, därför att man har blivit så van vid att bara ta hänsyn till aktieägare. Men man måste ta hänsyn som är mycket bredare. Traditionell marknadsekonomi är ingen naturlag, det är dags att skifta fokus från risk till ansvarstagande; det finns ju ett långsiktigt *win* i det. Och att till exempel fråga sig: Hur mycket vinst är tillräckligt? Vi kan inte hela tiden klämma mer pengar ur systemet. På lång sikt funkar det ju inte – om planeten brakar ihop, så har vi ju ändå ingen business.

Och sen också detta: När man pratar om att det är *business, it is not personal* – det är ju verkligen en enorm livslögn. Det stämmer ju inte: Vi spenderar merparten av våra vuxna liv på jobbet, vi förväntas att ha passion för kunder, för visionen och för verksamheten. Så – business är i allra högsta grad personligt.

Monika Milocco

Konstnärlig chef på Regionteater Väst i Borås

Om värdet av kroppskontakt, dans utan bestämt syfte och att skapa rum för tolkning

Monika är i grunden själv dansare och koreograf, och har tidigare jobbat på Göteborgsoperan och som adjunkt på Högskolan för Scen och Musik, Göteborgs universitet. Jag åker till Borås en krispig septemberdag och träffar Monika på hennes kontor – det blir ett samtal som liknar en dans; vi hittar en sorts gemensam, nyfiken lätthet. En professionell person, som är stolt över sitt hus och efter samtalet visar runt på teatern; viktigt att visa sina medarbetare, som jobbar stenhårt och fokuserat på nästa föreställning. Väldigt icke-glamouröst. Dansare sliter fram och tillbaka i träningskläder, på rad, och igen. Och igen. Innötning av de små detaljerna, för den stora helheten.

Jag kommer med en idé om ett fält mellan dans och ordet *ensemble*, och så barn och unga … var ska vi börja?

Spontant tänker jag att dans är lite grann som en tavla. Man kan se någonting och tolka dans och rörelser på väldigt många olika sätt. Så medkänsla kanske inte är det första ordet man tänker på. Men det är mycket, mycket möjligt att man kanske utgår ifrån att man på något sätt ska ge uttryck för något som barn och unga kan känna igen, vilket kanske blir medkänsla. Men det är inte alltid så uttalat, utan det är mer flygandes i luften i den kommunikation som dans är.

Dans som kommunikation?

Ja, och den kan vara smal på det sättet att man specifikt säger vad en föreställning handlar om, eller vilket budskap den har – vi kan till och med tala om nyttoeffekt, om någon behöver den ingången. Men dansen kan också vara bred, och tolkas på otroligt många sätt: Vi pratar om att låta scenkonsten få vara scenkonst, konst få vara konst. Och det är helt okej att paletten är så bred, att det finns utrymme för olika färger.

Vi gjorde till exempel en föreställning om att man som ung ska få vara den man är och att gruppgemenskapen är bra. Ett tydligt budskap. Men sen har vi också gjort en annan föreställning – *Antarktis* – som är inspirerad av djuren och miljön där. Men när man tittar på den är det inte så att man ser, 'ja, det var definitivt en isbjörn', utan det blir mer som ett konstverk, man bara får uppleva.

Är dans en lösare konstform än till exempel måleri?

Jag skulle nog säga att de är likvärdiga, alltså dans är på många sätt som bildkonst eftersom det är så visuellt. Teater använder ord, vilket gör att det i mångt och mycket kan vara tydligare, men dans och måleri är mer visuellt. I dans är också kroppen med, som kan uttrycka mycket känslor. Det blir en direkt kommunikation med publiken.

Har man mycket medkänsla när man är en bra dansare?

Ja, och jag tror att den utvecklas från en slags självinsikt. Man måste ha kontakt med många av sina känslor för att kunna förmedla dem; våga gå in i känslorna för att uttrycka dem.

Där är ju också kontakt med andra när man inte bara jobbar med sig själv?

Ja, det är både en kroppskontakt ibland, och sen är det också att *känna av* och *känna in* varandra. Och ibland ska man också förmedla samma slags uttryck eller känsla, som en grupp.

Hur kan man göra det?

Dels är det koreografen som måste hjälpa till att få gruppen att förmedla det. Och där behöver man också kanske prata om 'okej, vad är det för budskap, eller vad är det för känsla, vi ska ha i det här?' Till exempel i *Antarktis*, där har vi sex pingviner. De ska vara individuella pingviner, med egna känslor, men också förmedla någon slags förvirrad tillhörighet, de är en flock. Sen är det också gruppen som kommunicerar med varandra och hittar en gemensam känsla, energi och uttryck.

Hur gör ni för att få fram (med)känslorna – utan ord?

Där jobbar koreografer olika. Några har jobbat som regissörer inom teater, så de kan verkligen verbalisera vad uttrycket ska vara. Och sen finns det processer där ansvaret mer ligger hos själva dansaren att försöka utforska och hitta det inom sig. Här jobbar vi väldigt mycket på det sättet, för ska man behålla barns och ungas uppmärksamhet och intresse, så behöver det finnas en ärlighet och uppriktighet i uttrycket. Men också att man tar in dem i det där känslorummet. Man kanske kan prata om 'att ha medkänsla med publiken'.

Vad betyder det att ni utövar er konst *live*?

Vi gör väldigt många interaktiva föreställningar, där barn och unga är en del av skapandet. Det är medkänsla. Inom scenkonst pratar vi ibland om att det kan finnas en *vägg* mellan scenen och publiken, och den vill man såklart gärna ha bort – och få publiken till att känna sig som en del av rummet. Och när vi jobbar interaktivt med barn och unga kan det definitivt inte finnas någon vägg – då måste man som dansare känna av hur nära man kan gå och nå. Och våga vara öppen för det som händer.

Hurdå, om det är riktigt många olika känslor i rummet?

För dansare handlar det om att öva mycket och också öva med publik. Och så hela tiden tillbaka till kroppen: Man ser vilka barn som är med, och också när det finns någon som inte vill. Och att det är okej – de får vara där de är. Med unga funkar det inte alltid att säga 'nu ska vi göra så här'... det är bättre att få dem att skapa från sig själva. När de får lov att göra det, finns det en otrolig kreativitet. De kan hur mycket som helst. Det är stort när lärare, som är med sina klasser hos oss, inser detta och inser att de inte behöver ha kontroll – barnen är kreativa på så många olika sätt.

Jag har till exempel haft pojkar som 'bara' har velat vara träd. Ja, och sen har de stått stilla. Och då har vi försökt med 'men, nu kom en *jättevind*. Vad gör trädet då?, 'nu är det storm' eller 'det kommer en massa snö'... Och de bara stod där, var träd och rörde sig väldigt lite. Som träd. Och det är ju okej. Och sen *efteråt*, så får jag höra från deras lärare att de här killarna har börjat gå på breakdance. Det är stort.

Tänker du att du i detta jobb bidrar till samhället – med till exempel medkänsla?

Ja, det tycker jag att jag gör – och ska. Jag vill att alla barn och unga ska få komma i kontakt med sina känslor genom scenkonst. Jag tror scenkonsten hjälper individer med att definiera sina egna känslor.

Varför är det viktigt?

Barnen behöver få lära sig att tolka, förstå och fördjupa. Då kommer matematik och engelska, och allt det andra de ska tillägna sig, ovanpå sådana förmågor. Det är viktigt att träna på att också vara i icke-vetandet, så man hittar till sina känslor. När barnen får vara i dansen upptäcker de att de kan känna på olika sätt och därmed har ett eget språk.

Har alla människor egentligen dansen och rörelsen i sig?

Jag utgår ifrån att vi alla har rörelser med oss, och att vi under vissa perioder i våra liv – av olika anledningar – får ärr eller olika lager av blockeringar, när vi till exempel känner skam och rädsla. Tills vi hittar någonting igen, som kanske öppnar eller inspirerar oss. Rörelsen och dansen kan ge oss alla så mycket för att må och fungera bra på olika sätt.

Hur hänger det här ihop med medkänsla?

Jag tänker mycket på, speciellt när vi jobbar med barn, att också få dem att röra vid varandra. Att titta på varandra och att röra sig på olika sätt. Jag är övertygad om att när man vågar röra vid någon annan skapar det väldigt mycket medkänsla. Lite fyrkantigt: Barn idag rör inte vid varandra lika mycket, de leker inte så fysiskt, utan träffas mer *online*. Och då kan man undra vad det gör med vår förmåga att läsa av fysisk kontakt på ett naturligt sätt, så det inte blir konstigt.

Att vara i kontakt med sin egen och andras kroppar, varför är det viktigt för medkänsla?

Om man vill uttrycka någonting med någon annan person så går det ju bra att göra det verbalt. Men att även använda kroppen, då når man vidare ut på hela paletten. Kanske är det att få bort den där *väggen* – man kan förmedla mera. Och ha tillgång till varandras energier och allt det som är icke-verbalt.

Ni som jobbar med dans, rör ni vid varandra och pratar om kroppen och hur känslor upplevs hela tiden?

Vi är väldigt mycket i våra kroppar hela tiden, väldigt mycket. Om man ska göra en duett med någon behöver man kunna uttrycka vad man behöver av stöd, vikt, känsla – man ska ha ett ordlöst samarbete. Och där märker jag som chef att det mycket handlar om att skapa en arbetsmiljö där det är okej att man pratar med varandra, stöttar varandra fysiskt och mentalt och alltså använder kroppen. Visar varandra medkänsla – och också fångar upp andras gränser.

Hur orkar man använda hela paletten varje dag?

Det handlar mycket om hur jag som chef arbetar med vår arbetsmiljö och gemensamma skapande. Jag har tänkt mycket på att min egen bakgrund som dansare kanske har hjälpt mig att utveckla en lyhördhet inför andra; en sorts fjärde sinne. Det kan ibland vara svårt att sätta en gräns för hur mycket jag använder det, vilket jag ju måste som chef. Annars kommer jag hem och är helt slut. Jag måste liksom kunna dra upp den där *väggen*. Alla här ska må bra och göra ett bra jobb, också jag. Så jag måste hela tiden välja vem, och vad, jag släpper in, vilka frågor jag går in i. Mitt sätt att kunna fortsätta göra det på är att springa, paddla kajak, simma eller yoga. Oftast ensam.

Om man nu tycker det är pinsamt att dansa – men ändå blir lite nyfiken?

Egentligen rör vi på oss hela tiden. Om du och jag inte hade suttit och pratat nu utan bara gjort våra rörelser, och så hade vi satt på musik – då hade det blivit en föreställning. Och hade vi haft en publik, då hade de kanske tolkat vårt samtal. Och då hade vi kunnat säga 'det här är en dansföreställning'.

Kan man bara säga så?

Ja, vem är det som bestämmer? Egentligen är all rörelse dans. Som är kommunikation. Också med dig själv.

Epilog:

Jag hoppas medkänsla kommer finnas ännu mer i vårt medvetande efter pandemin. Vi har blivit mer medvetna om vikten av den ordlösa kommunikationen – beröring, dans. Vi behöver den medmänskliga och positiva beröringen för att må bra. Det fysiska mötet mellan människor i alla åldrar. Medkänsla på distans och digitalt har begränsningar, och jag ser fram emot att dans och rörelse kommer spela en större roll i samhället i framtiden.

Hamid Mohseni

Legitimerad psykoterapeut, legitimerad fysioterapeut

Om erfarenheters betydelse, vikten av självbestämmande och samhällets empatistress

Hamid tvekar inte, tackar ja till intervju på en gång, och vi ses en klar septemberdag på hans dåvarande jobb: Terapeut på Röda Korsets behandlingscenter för krigs- och tortyrskadade. Verksamheten ligger i tidigare produktionslokaler i Gamlestaden, Göteborg. Jag har problem med att hitta dit – bilens GPS är oprecis. Ringer Hamid, svettig medan jag försöker vända bilen, och ursäktar att jag är försenad. Han ser mig från sitt fönster, irrandes runt i trafiken, och guidar mig till rätt parkering. Lugn och metodisk omsorg – han är närvarande och redo, och vi lämnar snabbt det inledande kallpratet.

Vad är medkänsla?

Jag tänker på engelskans *sympathy*, och då är det givet att det är ett subjektivt tyckande. Alltså, att man på en teoretisk nivå förstår att det är otrevligt för någon annan att vara i en viss position som den råkar befinna sig i. Men man har liksom ingen egen erfarenhetsmässig förankring i det tyckandet. För mig är medkänsla en viktig ståndpunkt och en viktig beståndsdel i just känslan av att kunna förmedla *empati*, som är något annat.

Sympati som något intellektuellt, som inte bygger på en egen erfarenhet?

Till exempel – jag som inte har barn, och eventuellt har en klient som har förlorat ett barn. Då blir det inte bra om jag säger 'Jag förstår vad du går igenom'. Utan jag säger 'Jag kan förstå, utifrån det du säger, att det du går igenom är väldigt jobbigt'.

Då har du sympati – och inte medkänsla?

Ja. Om jag ska ha empati bör jag ha en egen erfarenhet. Som när jag sitter med människor som har flytt hit och lever i en väldigt missgynnsam situation. Jag kan sympatisera med dem som har förlorat sina barn på vägen, men jag kan också *empatisera* med de flesta utifrån stressen i att fly, att lämna sina rötter och komma till ett främmande land. För att jag själv har varit där.

En följd på det är att empati då kanske också kan växa med tiden. Så även om man själv inte har en upplevd erfarenhet av något, så kan man ha jobbat med något väldigt länge – låt säga en sjuksköterska som har jobbat inom palliativ vård och har sett människors reaktioner på sorg över lång tid, så kan det också väga sig med en upplevelse av att ha förlorat en anhörig.

Medkänsla blir en sorts erfarenhet också?

Absolut. Empati kan enligt min åsikt uppnås upplevelsebaserat, men också genom en lång tids exponering för människor som har upplevt något traumatiserande, till exempel. Alltså, att man är i kontakt med vissa erfarenheter över lång tid.

Hur går det till? Det finns ju de som inte utvecklar särskilt mycket empati, och några som gör. Är det en sorts inre talang som ligger i vissa individer och inte i andra?

Många av våra val kan säkert bland annat förklaras med vår uppväxt och vad som händer under de väldigt tidiga åren i våra liv, hur vi kan knyta an till våra medmänniskor. Det kan utveckla en person på olika sätt – man kan bli väldigt egocentrisk och narcissistisk, men man kan också bli en person som kan interagera med andra fysiskt och med emotionell flexibilitet. Då skulle det kunna vara så att om någon växer upp i en väldigt skyddad miljö, och inte upplever lidande eller andras lidande, så kanske förmågan att känna empati inte utvecklas så mycket.

Men om man växer upp i skydd, med alla materiella och känslomässiga behov uppfyllda – kan man då inte också tänka sig att man utvecklar oändlig förmåga till medkänsla?

Sannolikheten att man utvecklar empati och sympati ökar om man får en bra grund att stå på genom bra anknytning till föräldrarna. Men det handlar också om exponering för 'det andra' – om man får möjlighet att gå utanför sin säkra zon och ta ansvar, skaffa sig lite träning med det som är annorlunda. Det kan man gärna fortsätta med som vuxen; alltså att ta sig in i nya sociala sammanhang genom hur man väljer partner eller miljöer man vistas i.

Eller också får du den möjligheten för utveckling utan att ha valt den: Vi hade det bra under shahens tid i Iran, men när revolutionen kom blev livskvalitén drastiskt förändrad till det sämre. Mina föräldrar hade då en förmåga att kunna stå ut med alla de tvära kasten. Och det gav erfarenheter som också ökade min förmåga att empatisera och sympatisera.

Jag var 14–15 år när vi kom till Sverige. Det var fruktansvärt. Jag kom med en förhoppning om ett nytt land, där allt var ordnat och friktionsfritt. Så kom vi hit och insåg att det största problemet ju börjar då; att lära sig språket och de sociala koderna.

Jag kan verkligen lida med människor som har den falska förhoppningen att om bara de tar sig hit, så ordnar sig allting. Det blir en överföring till mitt eget liv många gånger, när en patient säger: 'Jag har bott här i fyra år. Jag har inget jobb, jag kan inte prata språket, jag måste bara gå till olika myndigheter för att registrera mig och vara till arbetsmarknadens förfogande'. Att vara i det tillståndet är en förvirring, en totalt dimmig atmosfär.

När du jobbar med att minska människors lidande, är det då din personliga medkänsla eller din profession du använder?

Det går inte att hålla isär. Självklart är det utifrån min kunskap om människors psyke, som jag har läst mig till i min utbildning. Jag har kunskap om att man till exempel inte ska utsätta sig för vissa miljöer som framkallar trauman, för då kommer ångesten bara att tillta. Jag vet också att den person som har förlorat ett barn på vägen hit har en sorgeprocess på gång. Men jag har ingen erfarenhet av det, så där kan jag visa sympati. Men när personen säger att 'Åh, det är så jobbigt med svenskar. Det är så jobbigt med att förstå sig på de sociala koderna'. Då empatiserar jag och kan säga 'Jag förstår vad du går igenom', för jag har varit där.

När du jobbar med patienter, använder du då exempel från ditt liv?

Absolut, självklart gör jag det. Om inte, så blir det ju ett mekaniskt möte. För främst, före min profession som terapeut, är jag en medmänniska.

Du kom hit som tonåring. Vad är det i dig som gör att du kan sitta här i denna position, och inte vara kvar som patient?

Vi vet från forskning att uppemot 25% av människor som har varit med om potentiellt traumatiserande händelser utvecklar posttraumatiskt stressyndrom (PTSD), och uppvisar symptom i form av mardrömmar, *flashbacks*, undvikande och överspändhet. Och dessa människor behöver verkligen professionell hjälp – medicin och terapi. Men flertalet människor som har upplevt något traumatiserande, utvecklar en motståndskraft över tid. Kanske kan det förklaras av att de har haft tillgång till sitt logiska tänkande och har kunnat reflektera kring händelserna på ett rationellt plan. Eller av att de har mycket socialt nätverk kring sig, som stöttar.

I mitt eget fall skulle jag nog framhäva min familjs betydelse: De första 3–4 åren här var jobbiga för mig, i vissa perioder led jag klart av klassiska symptom som trötthet och irritabilitet, och jag undvek sociala sammanhang. Men i min familj vidmakthöll mina föräldrar ett slags ramverk, en struktur kring familjen. De sa: 'Det är viktigt att även om det är jobbigt, så ska du piska dig igenom lektionerna i skolan, och du ska ta dig till mål'. De bekräftade mig i att det var jobbigt, men de passiviserade mig inte. De sa: 'Ja, det är jobbigt, tyvärr. Men vi måste hålla ut.'

Medkänsla är inte bara att ge efter och ta bort det som gör ont?

Nej, absolut inte. Och medkänsla kan ibland vara att du i en krissituation, när en person helt har tappat kontakten med sitt rationella tänkande, ger en örfil. För att få personen att vakna ur chocken. Att putta ut någon eller att göra någonting som kanske kortsiktigt skadar personen, men som långsiktigt räddar liv.

Spelar det roll vilken intention man har med att ge örfilen?

Uppsåt är viktigt, absolut. Här kan man ju anlägga både filosofiska, psykologiska, religiösa och vetenskapliga perspektiv – och komma till olika slutsatser. Om utgångspunkten är att till varje pris vidmakthålla allt mänskligt liv på vår planet – då är alla medel tillåtna. Om du och jag då befinner oss i ett brinnande höghus, och du är i chock, då kan det vara okej att kasta dig ut genom fönstret i syfte att rädda liv.

Men i mer luddiga situationer – att man ser någon i en dålig relation, eller en kollega, som tydligen inte mår bra på sitt jobb. Ska man då lägga sig i och ta risken att göra sig till domare över vad som är bra för andra?

Det finns definitioner på, vad en krissituation är, och på när en individ slutar ha tillgång till sin kognitiva förmåga, och då behöver någon annan handla.

Men det är svårare med en successiv försämring av läget – till exempel i en relation, eller när det blir konflikt i ett land. Då måste varje individs självbestämmande respekteras. Eftersom varje situation som kräver medkänsla är unik, så är det värdefullt att som medkännande individ kunna inta ett metaperspektiv för att se situationen från olika, vidare vinklar. Och inte bara stanna i att vilja briljera med mina förmågor att rädda och lugna en situation.

Ett exempel: Jag tycker att tiggeri borde förbjudas. Jag tycker att om jag ger en tjugolapp så kränker jag den personen som tar emot, och jag vidmakthåller en process som inte är bra. Det blir så tydligt när jag till exempel har handlat mat på en fin catering, och sen på vägen ut ger en tjugolapp till en person som sitter och tigger. Varför ger jag inte min mat?

Finns det gränser för medkänslan?

Om jag uppvisar medkänsla har jag också ett ansvar för att *på riktigt* följa upp processen. I detta jobb är jag med och ger personer ett hopp om en bättre framtid och då är det också viktigt att vara tydlig med hur mycket jag kan påverka. Jag kan inte påverka beslut på Migrationsverket, eller om en patient får en bostad. Det är superviktigt att jag är tydlig med vad jag kan hjälpa till med, och därmed inte ger falska förhoppningar. Ibland är medkänsla också att säga: 'Jag vet inte'.

Så att inte försöka ta på sig oändligt ansvar?

Ja. Att bara ta sig tid att sitta med en person, det är medkänsla. Att bara låta någon berätta. Och så hela tiden vara medveten om hur mycket jag förmår att tillföra den här personen över en begränsad tid. Det är jag som bör bestämma tidsramen för samtalen och lyssnandet, det är mitt ansvar. Det fungerar ju inte om jag inte prioriterar och frågar mig själv 'vem behöver mig mest?' – givet att behoven är oändliga.

Är det smärtsamt att dra den gränsen?

Det är jättejobbigt. Alltså, jag kan känna smärta när en person får sitt tredje avslag, och jag minns hur jobbigt det var att vänta på mitt uppehållstillstånd ... och där sitter jag på jobbet, och kan inte hjälpa till med just uppehållstillstånd. I sådana situationer är inte målet att få fram en gladare sinnesstämning, utan snarare att patienten mekaniskt gör vissa saker, och då kan jag hjälpa till med att till exempel göra ett aktivitetsschema, så att en mamma kan fokusera på sina barn. För att livet måste vidare.

Hur hanterar du den smärtan?

Jag är trött när jag kommer hem, jag behöver gå och lägga mig, eller kanske jobba i trädgården. Det sker ju lätt en överföring: Utifrån de erfarenheterna som berättas i terapirummet, så kan mina upplevelser eller minnen återigen aktiveras. Det känner många terapeuter till, om man till exempel jobbar med missbruksvård och själv har haft missbruksproblem. När någon pratar om hur jobbigt det är att ta sig ur heroinmissbruket, och man själv har varit där och vet, då är det lätt att man tänker på risken, att man själv börjar injicera igen.

Finns det någon medkänsla kvar, när din arbetsdag är slut?

Jag tror det. Anna Gerge har skrivit boken *Empatitrött*, där hon pratar om just terapeutens så kallade *sekundärtraumatisering*. Att man hör om så mycket elände att man närmar sig tanken 'aha, en till – amen, åk bara tillbaka till ditt land om det är så jobbigt här i Sverige.'

Det är därför vi måste ha luft mellan våra patienter. Jag tar sällan mer än tre patienter om dagen och går själv i handledning. Jag försöker tänka på att om jag har två jättesvåra patienter så bokar jag in en tredje som har mindre komplexa problem.

Trädgård och sömn. Kan du använda religion som påfyllnad?

Inte det minsta, absolut inte. Jag är muslim på pappret, men jag är verkligen emot den typen av islam som jag ser runt omkring mig. Däremot är jag tillsammans med en präst, en väldigt timid, altruistisk person, som är väldigt självsäker och trygg, tack vare sin tro. Jag kan se på Svenska Kyrkan, och dess väldigt sekulariserade typ av religiöst utövande, som gynnsam för samhället, till exempel för de många flyktingar som tack vare just kontakten med kyrkan kan ha ett någorlunda normalt liv här. Där kan jag känna att religion är en tillgång.

Så det är inte i kyrkan eller religionen du hämtar näring till din medkänsla?

Jo, indirekt, för jag tillämpar mycket *ACT, Acceptance and Commitment*, som är en form av kognitiv beteendeterapi. Där handlar det om att fokusera på vad man kan förändra och vad man inte kan påverka. Så det är väldigt mycket som 'Gud, hjälp mig att kunna förändra det jag kan förändra och att acceptera det jag inte kan förändra'. Jag tänker att mycket terapi, som visar sig väldigt verksam, kommer från de religiösa böckerna.

Det finns också *love and compassion focused therapy*, som handlar om att visa medkänsla gentemot sig själv. Ofta pratar vi ju om att visa medkänsla utåt, men här handlar det om att vara medkännande inåt. Till exempel att få syn på vilka felaktiga tankar och antaganden som ligger bakom en tanke man bär på om att man är en dålig pappa. Den här typen av terapi kan strukturera om i tänkandet, så man kan nå till: 'Jag kanske inte är en så dålig pappa ändå, jag kan visa mig själv den medkänslan'. Och då kan jag ge det till andra också.

Är du bra på att ha medkänsla med dig själv?

Ja, det är jag. Och det förväxlas ibland med egoism och narcissism, men det handlar inte om det. Ett scenario: Det är fredag, och jag har precis kommit hem från jobbet, och är trött. Då ringer min vän, som är nyskild, och frågar om jag kan komma över, för att hon känner sig ensam. Då behöver jag bedöma om jag verkligen kan åta mig det, och om jag har förutsättningarna för att bemöta hennes problem med alla mina sinnen, vara närvarande. Om inte jag kan det, så kan jag föreslå att jag kommer imorgon istället. Då visar jag medkänsla med mig själv. Om inte jag gör det, kan jag inte riktigt ge henne det hon behöver. Och då visar jag egentligen inte henne medkänsla heller.

Är man skyldig att medvetet sätta gränser som en medkännande människa?

Ja, absolut. Jag skulle ju i princip kunna ställa mig med en skylt i handen: 'Jag är terapeut. Kom och prata med mig'. Men det är ju ohållbart. Så att jobba, där jag gör, är ju att sätta gränser. Vi har en specifik målgrupp, och i mötet med varje patient måste jag också sätta gränser. Hur många sessioner kan var och en få, utifrån problembild och de resurser jag har.

Jag tänker att vi har *empatistress* på många nivåer i samhället. Vi är för stressade för riktig medkänsla. Inom vården finns det till exempel inga gränser för hur mycket vi ska hinna med att mäta och registrera, och det gör ju att vårdpersonal inte får tid att praktiskt utöva sin medkänsla och empati. Det leder till en mekanisering av interaktionen människor emellan.

Vad händer i ett samhälle då?

Då ökar klyftorna mellan dem som har mycket tid och behöver medkänsla, och dem som har väldigt mycket resurser och kan ge medkänsla, om de hade haft tid. Behoven av medkänsla är oändliga.

En hunger efter mer medkänsla; alla springer fortare, och blir ändå inte mätta?

Alla springer bara fortare. Man tar inte tid att stanna upp, känna efter och att märka sina egna behov av medkänsla. Tänk så här: Av alla de tillställningar du bjuds på, och som du kan lägga upp på sociala medier, hur stor andel av dem vill du genuint delta i? Hur många infinner du dig på av rädsla för att tappa människorna runt omkring dig? Hur mycket har du egentligen förmåga att ge?

Epilog:

Med pandemin fick många människor en möjlighet att stanna upp, och den har gett förutsättningar för fler personer att utveckla empati och medkänsla. Det *måste* inte bli så, för många är det starkt överväldigande att komma i kontakt med sin sårbarhet och dödsångest, vilket ju nu har hänt för de flesta – men generellt hoppas jag att den kollektiva upplevelsen av att kunna drabbas *oavsett* kan bli en möjlighet. För mera medkänsla.

Tilde Björfors

Konstnärlig ledare och grundare Cirkus Cirkör

Om att ge plats för sin egen och andras potential, förstå och acceptera rädslor och risker som följeslagare i livet och använda dem för att se möjligheterna

Vi ses på Dramaten en solig oktoberdag – jag går enligt instruktioner in via en personalingång i sidan på byggnaden, och frågar efter Tilde i receptionen. Den hösten har hon lånat kontor på teatern för en föreställning hon skapar där. Det är alltså inte hennes kontor vi sitter i, och ändå känns hon hemmavan. Lite rastlös och avvaktande, men omsorgsfull och med på att vi behöver sitta nära i soffan, så jag kan spela in samtalet. Inte svårt att kvickt känna sig personlig med henne. Och redan under, men särskilt efter, när intervjun med Tilde är transkriberad, kan jag märka att samtala med henne är som att bada i en bubblande sjö av skratt och nyfikenhet.

Vad har du lärt dig om medkänsla av cirkusen?
Medkänsla för mig handlar om inlevelse. Jag leder arbete med en form av scenkonst, där grundförutsättningen är att väldigt många, olika specialistkompetenser ska jobba tillsammans. Som ledare är det då väldigt viktigt att lära mig att förstå hur lindansarens träning, ultimata skaparrum och förutsättningar för att kunna vara så bra som hen är, ser ut. Och likadant när det kommer till en jonglör eller en akrobat. De har helt olika tillgångar till sina uttrycksformer, behöver olika former av träning och uppvärmning och lugn. Om jag *förstår* det, så handlar det i grund och botten om medkänsla. För då kan jag stödja dem på olika sätt, och skapa trygghet, så de kan samarbeta med andra, med andra behov.

Det låter mycket som kunskap, men kanske också något mer?

Ja, det är ju absolut kunskap, men också förståelse. När jag är regissör för en föreställning så måste artisterna våga utsätta sig för att gå där de inte har gått förut, vara sårbara. Och ju mer jag kan ha förståelse för hur skört det är att utsätta sig för den situationen och kan känna med dem, när de börjar göra motstånd genom att säga nej, få vredesutbrott eller försöka kontrollera andra, och förstå att deras motstånd handlar om rädsla och utsatthet – ju lättare är det ju att bemöta dem med riktig medkänsla: Ja, det vi gör är svårt och komplext och jag kan känna *med* dig, hur det är att stå i det.

Så att skapa rum för andra att vara modiga i?

Mmmm, kräver medkänsla, skulle jag säga. För att vi är alla rädda. Jag måste då som ledare av processen lägga min egen rädsla åt sidan, för att kunna komma fram till medskapande. Jag ser det som min roll att se mina medarbetare, som när man är förälskad – att se all deras storhet och all deras potential. Och att ha förståelse för att rädslor är hinder för att varje person kan vara allt det fantastiska, som hen är. Och ju mer jag kan möta rädslan med medkänsla och inlevelse, ju mer kan jag hjälpa mot potentialen.

Rädslan och motståndet får finnas också?

Ja, absolut. Jag brukar tänka på kreativa processer mer som en spiral än som tydliga trappsteg uppåt. Och då är det ju naturligt, när man är på väg tillbaka i en sådan här spiralkurva, att det känns som att 'oj, vi går bara bakåt, här har vi varit förut'. Men då vet jag ju, om jag tänker mig processen som en spiral, att ja, vi är på väg tillbaka, men det är bara för att vi hämtar mer färg, och vi kommer snabbare igenom för varje gång. Rundorna blir mindre och mindre på vägen till processens slut, den färdiga föreställningen. Har man det med sig, så ger den en form av trygghet.

En annan poäng med att tänka på den här stora, gemensamma spiralen är också att individer kan befinna sig på olika platser i förhållande till samskapandet, och då kan det upplevas som att vi är på väg åt olika håll. Men vi behöver inte vara rädda, för egentligen är vi på samma väg, bara på olika ställen. Och om man kommer i full fart från olika ställen, så kan vi hamna i de här krockar och krascher, som man ju ofta blir jätterädd för. Men om man istället ser på dessa med frågan 'oj, här har vi något att hämta, vad var det här?', då skapar man tillsammans ett rum, som är tryggt just för att det får lov att skava. Så kombinationen kunskap och förståelse kring både detaljer och helhet blir också i sig en väg till ännu mer medkänsla, och för skapande av kreativa rum.

Var kommer din förmåga till medkänsla ifrån?

Alltså, jag höll på i en massa år att undersöka 'vad är meningen med livet?'. Och först kom jag ju fram till att kärleken är meningen med livet. Och sen i nästa steg la jag till att 'kärleken, absolut, men kanske ännu mer *att växa*'. Så att växa i kärlek. Så meningen med livet är att växa i hjärnan och hjärtat i förhållande till sig själv, till andra, till omgivningen, till världen.

Så expansion nästan i någon andlig mening?

Ja, lärande. Andlighet och kärlek hör ihop, och att lära sig att växa genom ett ständigt pågående lärande, eller *kun-Skapande*, som jag kallar det. Att ta sig an de stora frågorna: Varför finns Världen? Vad vill vi? Tittar man historiskt kan man ju se att även historien går i spiraler, när vi går igenom olika slags faser där medvetandet och uppfattningen om världen expanderar. Mänskligheten går igenom olika händelser och skeenden, och vi rör oss hela tiden framåt. Utveckling händer, oavsett om vi vill eller inte. Och då har vi ett val: Att när svårigheter och smärta kommer emot mig i livet, så kan jag välja att ignorera det. Då växer de och tar i värsta fall kontrollen över mig. Eller, så övar jag mig på att istället luta mig inåt, mot det svåra. Gärna pausa, vänta och se vad detta gör för att forma mig till något ännu större.

Utveckling är oundviklig. Det är det som är att vara människa. Vi har fått vårt medvetande; vi kan göra val, och vi kan skapa. Min uppgift är då, som en liten länk i stora historiska rörelser, att under tiden jag lever, göra så mycket jag kan både för mig och för andra och för världen, som sen tas vidare. Det är en stor gåva, när man kan ha ett sådant perspektiv – även om det också är tungt och jobbigt. Gåvan är att när det är som mörkast, så finns det någon slags mening i eller i alla fall insikter att hämta. Motsatt – om man inte ser sammanhangen förstår man kanske inte varför man ska ta sig upp ur mörkret.

Ja – vad är syftet?

På ett sätt är det en form av medkänsla – att vilja låta folk få ta del av sin potential. Att inse att vi alla är olika men ändå sammanlänkade och helt beroende av varandra. Och med vi menar jag allt skapat på hela planeten.

Tittar du på en cirkusartist, som flyger i luften och går på millimetertunna linor, och som hela tiden försöker hitta nya sätt och uttryck, så är det ju ett slags konstant utforskande av hur livet kan gå till. I varje fysisk handling finns en orsak och verkan. Hur jag kastar en jongleringskägla påverkar hur den går att fånga. Som jonglörer brukar säga 'det är inte att fånga som är det svåra, det är hur du kastar. Ett bra kast går alltid att fånga'. Samma sak gäller när den flygande trapetsartisten släpper taget från sin *catchers* händer för att flyga i en vid båge och fångas av någon annan. Artisterna gör allt som vi gör i vanliga livet; samarbetar, misslyckas, hanterar rädslor och försöker få balans mellan tillit och kontroll – fast de gör det 10 meter över marken utan skyddsnät. Allt blir mer påtagligt, när det är på liv och död.

Vad ska jag som publik ta med mig från det?

Jag valde cirkusen som uttrycksform därför att jag ville dela med mig av den upplevelse som konstformen gav mig som ung människa med massor av rädsla för framtiden. Cirkusartister visar oss att människor kan så mycket mer än vad vi tror, om vi bara vågar ta vår rädsla i handen och gå med den, istället för att låta den stoppa oss. Och jag har samma drivkraft idag. Att ge publik och deltagare en chans till hopp och tro på att allt är möjligt. De chanserna ges inte i de offentliga rummen så ofta nu för tiden. Det är jag med och ändrar på i mitt skapande.

Jag har intervjuat en massa cirkusartister om varför de har valt cirkus och har ofta fått svaret att det är för friheten. Och visst. Att flyga högt, få leva sin livsdröm och turnera runt världen är ju själva sinnebilden av frihet. Men jag vet också att det finns en annan sida av det viktlösa. Det finns få andra yrken som är så disciplinerade, som kräver så mycket daglig träning och där man måste ha sådan kontroll på risker och strukturer och kropp. Det går inte att säga 'idag har jag inte lust att fånga dig', när man är 10 meter över marken.

Vad har det med frihet att göra?

Det har med paradoxerna i livet att göra. Friheten och dennas gränser hör ihop. Inom vissa gränser kan jag flyga. Det är också det som är Cirkus Cirkörs vision, att förflytta inre och yttre gränser med cirkuskonst. Kroppen och sinnet just nu har begränsningar och de går successivt att förflytta. Det är frihet för mig.

Cirkus är en konstform som bygger på risk. Det cirkusartister gör, om de får en idé att göra en helt ny avancerad volt, är att bryta ner riskerna till små möjliga steg, träna fokuserat och hela tiden se möjligheten i varje litet steg. Tills de till slut har uppnått vad som verkade omöjligt. Det är också en mycket bra metafor för livet, att våga tro på att det omöjliga går och att ta det i små steg, reflektera och lära och utvecklas i ett ständigt flöde. Där är kopplingen till medkänsla – att ha medkänsla för dem som försöker, även om det till synes är omöjligt. De som vågar. Det kan man också tänka på med kärleken – det kan ju kännas livsfarligt att säga 'jag älskar dig' till någon, fast det inte är en reell fara. I alla fall inte fysiskt.

Så hela tiden tillbaka till rädslan, och hur den hindrar oss från vår fulla potential. Eller från att få uppleva kärlek eller närhet.

Handlar det om att välja att ha en vilja att fortsätta i spiralen?

Exakt. Så viktigare än medkänslan för rädslan är ju nästan visionen, eller meningen med livet egentligen. Eller kärleken som driver oss framåt.

Så egentligen har du aldrig kommit till gränsen för din medkänsla?

Nej. Eller självklart för stunden. Men när man trampar i klaveret, misslyckas, lever precis tvärtemot det man lär … då gäller det att jobba med medkänslan även för sig själv. För fastnar vi i att slå på oss själva med anklagelser stänger vi till istället för att läka och växa. Hela mitt arbete går ju ut på att överskrida gränser, och jag har sett så mycket fantastiskt, och vilka möjligheter som uppstår när vi vågar möta andra kompetenser och samskapar. Mina 22 år med cirkusen har ju varit ett enda stort bevis för att olikheter är en styrka som kan förflytta gränser för vad som är möjligt, när vi vågar tillsammans.

Orkar du alltid vara medkännande?

Nej, absolut inte. Genom tiden har jag ofta klivit in och tagit tag i problem, även om de inte egentligen är min arbetsuppgift, och sett det som en form av medkänsla att rädda andras situationer. Men nu är jag vid en punkt där jag tänker att det inte är min uppgift att lösa andras jobb. Ibland är det bästa man kan göra att släppa taget. Den balansen är svår, och där misslyckas jag hela tiden.

Ibland kan det alltså vara medkännande att inte agera?

Ja, det är absolut medkännande att inte agera, att låta någon få pröva sina vingar i fred, att inte lägga sig i och låta sitt eget kontrollbehov styra. Det är den svåraste formen av medkänsla, att avstå från att gå in, att finnas kvar, vänta ut det som sker. Medkänsla och medberoende ligger också snubblande nära varandra, vilket är den farliga vägen att gå, där man själv blir ett offer. Så även medkänsla kräver en form av mod att ha koll på sin rädsla, tror jag.

Till exempel för sin rädsla att sluta rädda?

Ja. Och också komma till insikten att ibland behöver någon kanske krascha, istället för att hela tiden bli upplockad. Å andra sidan: Vi kan inte låta bli att ha medkänsla, det är en del av vad som gör oss till människor.

Din bild av tillvaron som en spiral – var kommer den ifrån?

En del är att jag själv är väldigt rädd, och alltid har varit det. Jag har en ganska konkret och tydlig bild från min tonårstid av att jag inser att jag är livrädd för att göra en massa saker, men att om jag inte gör det, så kommer jag att vara fast här i mitt lilla rosa flickrum för alltid.

Alltså en helt konkret stund du var på ditt rum och tänkte det här?

Ja, eller en period i livet, som jag tampades med detta: 'Om inte, så kommer jag vara fast i det här *bomullsrummet* i den fina universitetsstaden'. Och det skrämde mig mer än någonting annat. Och då var det jag fick de där riktigt starka upplevelserna av att när jag vågar det jag inte vågade, och fick känna hur världen växte och hur jag själv växte och blev så mycket starkare – bara wow. Jag fick smak för det.

Jag är ju inte ensam om sådana upplevelser, det är det som händer i mycket skapande precis innan polletten trillar ner. Jag har ju förstått, efter samtal med hjärnforskare, att det är neuroner som kopplar om. Det är kemiska processer som gör att vi är som mest förvirrade precis innan vi når insikter. Om vi lägger över det perspektivet på samhället i större skala, så är det när vi är i förändringsfaser, och det är som mest kaotiskt, jobbigt och svårt, att vi ropar efter någon som kommer och pekar med hela handen, så vi kan slippa vara i det där momentet. Men om vi bara skulle orka vara i det momentet lite till, så är det där nya insikter och lösningar kommer.

Du kunde också ha suttit kvar i Lund, och hoppat fallskärm som hobby?

Ja. Men sen har jag också en drivkraft att rädda världen, som alltid har funnits med. Och när jag är med om något fantastiskt eller viktigt, så vill jag att hela världen ska få vara med om det också. Som barn var jag i Stockholm med min farmor och såg *Sound of Music*, och tyckte den var jättebra. Då åkte jag hem och satte upp den med mina klasskompisar, så att alla andra skulle få se den också.

Att dela med sig eller bjuda in andra?

Ja, och när jag hittade nycirkusen uppstod samtidigt en väldigt tydlig idé om att det här fantastiska måste andra också få vara med om.

Du lever utifrån någon idé om att du är en del av ett större sammanhang?

Exakt. Eller snarare – en upplevd tillhörighet i att världen är större än mig och att vi hänger samman. Jag ser mig som en länk och en fortsättning av alla som gått före mig och min uppgift i livet är att göra så mycket som möjligt av denna möjlighet så att min lilla länk, min livstid, tillför något till helheten. Och det ger en sorts grundtrygghet, även om min barn- och ungdom var ganska stökig.

Jag hade en fröken som verkligen såg mig, och det stora i mig – som inte fokuserade på mig som stökig. Mycket av det jag säger, om att förstå mina artister, kommer ju också därifrån: Kan jag ge dig tillit och se dig, så kan jag bidra till att du kan få vara din fulla potential.

Min fröken frågade aldrig om mina hemförhållanden, och man kan undra varför, det var helt uppenbart att jag inte hade det helt perfekt. Men samtidigt var det kanske den största hjälpen, att hon inte grottade ner sig i det, utan hon skapade en plats där jag bara kunde vara mig. Jag tycker hon gjorde helt rätt. För att det är ju lätt att gå in där och hjälpa – och hade jag fått hjälp, så hade jag kanske inte fått tag i den kraften, som gör att jag vet att jag *bär* genom kaos, risker och otrygghet.

Åter till frågan om att vara publik till risktagande. Kan det vara en väg till att få tillgång till sitt eget medkännande?

Jag får ofta brev och kommentarer från publik med personliga berättelser av typen 'den här föreställningen fick mig att våga göra si och så' och 'när jag gick ut från föreställningen började jag se min autistiska son med nya ögon'. Hjärnforskaren Matti Bergström säger att vi har ett viktigt centrum för viktlöshet i hjärnan, som utvecklas när vi ligger i magen och flyter, som ju också blir en sådan där direktkontakt till något större än oss själva. Det kan ju annan konst också: Koppla till att våga. För att skapa det nya måste vi hantera riskmomentet att gå där vi inte har gått, ge oss ut i det okända.

Det har vi lite för lite av i vardagen, när vi är rädda och vill begränsa oss själva och andra. Hösten 2015 hade jag en massa nyanlända flyktingar boende hemma, och fick på det sättet riktigt känna på om det finns gränser för hur hjärtat kan växa. Och då måste jag ju säga att det finns nog väldigt mycket färre gränser än vad jag trodde. Alltså, hjärtat kan hela tiden växa i kärlek. Det går.

Om man är fast i sin rädsla. Vad är ditt tips för att komma tillbaka i sin fulla medkänsla?

En av de saker cirkus jobbar med är ju balans. Och jag trodde länge att balans handlade om att komma till stillhet, ha det lugnt och skönt. Men i samarbete med lindansare har jag förstått att balans egentligen är en konstant rörelse, in och ur, in och ur och runt balanspunkten. Man strävar hela tiden efter att hitta balanspunkten, men försöker man hålla fast den så faller man. Och om man börjar se på balans på det sättet, så är ju balans en rörelse. Mellan tillit och kontroll, mellan risker och möjligheter, mellan rädsla och mod, mellan ljus och mörker. Så tror jag det är med medkänsla också; att det är en slags rörelse. Det går inte att tänka att medkänsla är konstant.

Det är samma sak med tilliten, den måste man erövra varje dag. Vi vill så gärna att saker ska vara konstanta: 'Nu har jag tillit'. 'Nu har jag medkänsla'. Men så är det ju inte. Det är något du väljer varje dag, i varje situation. Och det är väl kanske medkänsla på något sätt, att vilja växa, att vilja mer, att vilja mer kärlek, att välja att vilja.

Så tillbaka till risker och tillit?

Risk och tillit och medkänsla, det hänger ju ihop. Riktig medkänsla handlar ju om att jag också måste kunna bli påverkad och kanske offra eller förändra någonting. Och det steget är ju det jobbiga. Då kanske vi hellre håller oss på avstånd och överlåter till regler och förordningar. Eller: Jag skickar de här pengarna. Det är ett lätt sätt. Men för att verkligen göra skillnad, då måste jag kanske ge plats, jag måste kanske rucka på mina privilegier, riskera att jag inte får vara precis som jag är idag. Så det är inte lätt att välja medkännande.

Epilog:

Så vad är inte livet då annat än ett ibland desperat, rent av dåraktigt, ibland fåfängt eller naivt och trotsigt rop ut i den stora oändligheten om, att jag tror på mig, jag tror på dig, för jag förstår dig. Jag tror på människan och på att det finns en mening, trots allt vi ställer till med. Bakom varje fasad i varje människa finns en kamp, som alltid är likadan som min. Varför inte då börja med att förstå och acceptera min kamp genom självmedkänsla, så att jag också kan känna medkänsla med andra? Det finns en inbjudan till ett lärande och en utveckling av både vår individuella och vår kollektiva intelligens – ja, kärleken till allt skapat. Och den inbjudan gäller oss alla.